KB264994

나도 영재가 되고 싶어요

나도 영재가 되고 싶어요

초판 1쇄 인쇄 2008년 3월 15일
초판 1쇄 발행 2008년 3월 20일

지은이 송인섭
펴낸이 김선식
편집인 장석희
PD 이선아
다산에듀 이선아, 박은정
저작권팀 이정순
마케팅본부 유민우, 곽유찬, 이도은, 신현숙, 박고운
커뮤니케이션팀 우재오, 서선행, 한보라, 강선애, 임경원
디자인본부 강찬규, 김희림, 손지영, 이동재
경영지원팀 방영배, 허미회, 김미현, 이경진, 고지훈
외부스태프 본문 조판 장이와 쟁이, 구성작가 류재운

펴낸곳 다산북스
주소 서울시 마포구 염리동 161-7 한청빌딩 6층
전화 02-702-1724(편집) 02-703-1723(마케팅)
팩스 02-703-2219
이메일 dasanbooks@hanmail.net
홈페이지 www.dasanbooks.com
출판등록 2005년 12월 23일 제313-2005-00277호

필름 출력 스크린출력
종이 신승지류유통
인쇄·제본 주식회사 현문

ISBN 978-89-92555-92-0 (03370)

나도 영재가 되고 싶어요

★ 송인섭 지음 ★

다산에듀

내 아이는 공장에서
찍어낸 부품이 아니다

오늘도 아파트 공원에 삼삼오오 모인 엄마들의 주된 이야기는 아이들 교육에 관한 것이다. 사랑스런 자기 자식들의 미래를 위해 조금이라도 좋은 정보가 있으면 놓치지 않으려고 눈이 반짝, 귀가 솔깃하면서 열심히 대화를 나눈다.

"글쎄 이번에 우리 아이가 지능지수 검사를 했는데 I.Q가 137이 나왔더라구요. 얼마 전에는 학원에서 시험을 봤는데 전 과목이 90점은 가뿐히 넘었네."

옆 동 민수 엄마는 아들 자랑에 여념이 없다. 머리도 저렇게 좋다니까 부럽기만 하다. 우리 아름이는 학교 성적이 도통 신통치가 않다. 오히려 혼자서 피아노만 온종일 붙들고 있는 편이라서 걱정이 이만저만 아니다. 일류 대학을 가려면 유치원 때부터 좋은 유치원에 들어가서 준비를 해야 한다고 하는데…. 직장 다니는 샐러리맨 남편 월급에 비싼 사립 유치원은 엄두도 내지 못하고 동네 인근의 유치원에 보낸 것이 그저 아이에게 미안할 뿐이다.

복잡한 속을 뒤로 하고 집으로 오니, 딸아이의 방에서는 역시나 피아노 소리가 들려온다. '아무리 피아노가 좋다고 하더라도 어릴 때부터 공부하는 습관을 가지게 해야지. 아니면 나중에 어떻게 입시생활을 할 수 있겠어?' 라며 다짐을 하고 아이의 방문을 연다.

"엄마! 안 그래도 방금 곡을 만들었는데 들어볼래요?"

아름이는 이제 초등학교 5학년이지만, 혼자만의 음악을 만들 수 있다. 어릴 때부터 피아노를 그렇게 만지작거렸는데 오늘도 곡 하나를 썼나보다. 혼내려는 마음은 이내 사라지고, 아름이가 작곡했다는 피아노 연주곡을 가만히 들어본다. 음악에 재능이 있어 보이지만 확신이 드는 것도 아니고, 또 음악교육을 시키는데 비용이 만만치 않다는 부담도 무시할 수가 없다. 도대체 어떻게 아이를 키워야 하는 건지 하루에 열두 번도 더 생각이 바뀌어서 혼란스러울 뿐이다.

　아름이 엄마와 마찬가지로, 많은 엄마들이 가장 고민하는 문제는 '어떻게 해야 아이가 공부를 잘해서 명문대에 갈 수 있나' 가 아닐까 싶다. 성적 지상주의와 학벌이 우대받는 우리 사회를 생각하면 그리 새삼스러운 일은 아니다. 사실 우리나라 대학 입시는 전반적으로 모든 과목에서 우수한 성적이 나와야지만 자신이 원하는 대학을 갈 수 있는 입시 제도이다. 그 때문에 어릴 때부터 국어, 영어, 수학 중심의 과외와 학원을 다니고, 무조건 책을 붙잡고 시간과의 싸움을 해야 된다는 잘못된 생각이 학생뿐만 아니라 부모의 마음을 옥죄고 있다. 이게 우리나라에서 말하는 교육의 현실이다. 앞서 사례에서도 볼 수 있듯이 지능지수가 좋고, 전 과목 성적이 우수한 민수의 경우는 아마도 많은 엄마들이 생각하는 '올바른 아이들 모습' 의 표준이자, 기준으로 여겨진다. 높은 아이큐에 전 과목을 골고루 잘하는 모범생은 모든 엄마가 갖는 꿈이지 않을까?

　그러나 우리가 살고 있는 21세기를 한 번 보자. 과거에는 직업의 종류가 별로 많지 않았고, 또 직업 자체가 하나의 신분을 상징하는 경우도 있었다. 그러나 지금 우리가 살고 있는 사회에서는 직업의 종류도 다양할뿐더러 과거처럼 하나의 신분을 나타내는 상징이 아니다. 우리나라의 경우 현재 직업의 종류가 대략 1만여 개에 가까울 정도로 많다. 단순히 종류가 많아진 것뿐만 아니라 그만큼 각각의 분야에서 요구하는 능력도 다르다. 이와 같이 세분화된 직업을 요구하는 시대에서는 바로 개인의 창의성과 전문성을 요구한다. 길포드라는 학자에 의하면 인간의 능력은 180가지로 구분된다고 한다. 창의성과 전문성은 바로 이 180가지의 능력이 다 뛰어나다는 것을 의미하는 게 아니다. 180가지의 능력을 모두 갖춘 사람이 어디 있겠는가? 오히려 엄마와 아빠가 생각을 바꾸어서 제대로 알아야 할 것은 바로 '어느 분야이든 간에 5~10% 이내의 상위에 해당되는 부류'가 지금 이 시대가 요구하는 인재상이라는 것이다.

　　분명 민수는 성적이 우수한 '모범적인 우등생'이다. 하지만 달리 생각해보면 그 정도의 지능지수와 성적을 갖춘 아이들이 전국에 얼마나 많겠는가? 실제로 우리가 흔히 접할 수 있는

위인들을 보더라도 '모든 것을 잘하는' 것보다 학창시절에는 그다지 인정받지 받지 못했지만 '특별히 하나를 잘하는' 인재가 더욱 돋보였다는 것을 알 수 있다.

그렇다면 엄마의 입장에서 봤을 때, 내 아이가 어떤 재능을 가지고 있는지 궁금할 수밖에 없다. 그러나 지금 엄마 세대들은 자신이 어릴 때 받았던 교육에 익숙하기 때문에, 단지 머리가 좋냐, 나쁘냐로 판단하는 오류를 범할 수가 있다. 그래서 아이의 숨은 재능을 몰라보고 엉뚱한 기준과 잣대로 무작정 공부만 외칠 수도 있을 것이다. 그렇다면 우리 아이가 어떤 분야에서 두드러진 적성과 능력을 가지고 있는지 어떻게 판단할 수 있을까?

이 책에서는 바로 그런 궁금증에 대한 해답을 제시하고자 했다. 이를 통해 단순히 지능이나 성적으로 아이의 무한한 능력을 판단해버렸던 부모라면, 스스로 한정지어 버렸던 내 아이의 능력을 제대로 바로 볼 수 있는 기회가 되었으면 싶다. 아이의 재능을 키워주고 싶은데 방법을 몰라 고민했던 부모라면, 이 책이 그 고민을 해결하기 위한 작은 실마리가 되었으면 한다.

20세기
교육 신화를
깨뜨려라

모든 것을 잘하는
만능가제트

전 과목을 두루 잘해야 한다

'학교 공부를 잘해야 성공한다.'는 기대가 깨지는 경우를 종종 경험했을 것이다. 오랜만에 만난 동창회에서 가끔 들을 수 있는 이야기가 누구누구는 어떻게 되었더라인데, 그 중에서 '정말 그 애가 그렇게 됐대?' 하며 놀랐던 경우는 누구나 있을 것이다. 전교 1등을 도맡아 하던 아이가 왜 그렇게 되었냐는 둥, 아니면 별로 공부도 못했던 녀석이 어떻게 성공을 했냐는 둥 하면서 수군거렸던 동창회의 기억을 돌이켜보자.

이미 어른이 된 우리는 학창 시절에 좋은 성적을 받았다고 해서, 인생이 성공하는 게 아니라는 걸 알고 있다. 그러나 정작 아이를 키우다 보면, 몸으로 체득한 진실은 잊어버리고, 어린 시절 자신이 들었던 잔소리를 그대로 되풀이한다.

물론 좋은 대학을 목표로 하는 우리나라 여건상, 전 과목을 두루 잘해야 하는 부담을 안고 있는 건 사실이다. 하지만 머리가 좋고 공부 잘하는 아이의 대부분은 어쩌면 말 잘 듣는 모범생, 성적이 뛰어난 우등생에 지나지 않았는가라는 씁쓸한 생각이 들기도 한다.

그렇다면 무엇이 '제대로 된 능력을 갖춘' 아이로 만드는 것일까? 이 근본적인 질문에 대한 대답을 찾기 위해서는 영재에 대한 관점이 어떻게 변했는지 살펴볼 필요가 있다. 과거에는 영재라고 하면 머리가 남들보다 월등히 뛰어난 사람을 두고 '공부 잘하는' 기준에 따라 구분했었다. 그러나 최근 새롭게 대두되고 있는 영재성의 개념을 살펴보면 영재성의 판단 기준이 지능 위주의 한 가지 기준에서 벗어나 여러 가지 능력을 보는 다차원적인 기준으로 바뀌고 있음을 알 수 있다. 이는 단순히 교과 위주의 우수한 학습능력만이 영재아를 판단하는 기준이 아님을 뜻하기도 한다.

최근 여러 학자들은 재능의 종류가 다양하며, 이러한 각각의 재능은 독립적이라고 주장하고 있다. 이 모든 분야에서 재능을 나타내는 아이가 있을 수도 있고, 이 중 몇 가지 분야에서 재능을 나타내는 아이도 있을 수 있으나, 일단은 그 중 한 가지 이상의 영역에 특출한 재능을 보이는 아이를 영재의 개념에 넣을 수 있다는 것이다. 이 말은 결국 학습지능과는 상관없이 어느 한 분야라도 남들보다 특출하다는 평가를 받으면 그 아이 역시 영재라는 뜻이다.

한편 이러한 각각의 재능들은 아주 복잡하게 연결되어 있으며 서로 독립적이다. 이 주장은 영재의 학습지능지수가 간혹 기대와 달리 실망스런 결과를 보여주는 경우에서도 알 수 있다. 예컨대 예술 감각이 탁월한 천재는 언어 능력이 거의 바보 수준일 수도 있으며, 수학 영재는 국어 쪽에 전혀 흥미를 갖지 못해서 아무것도 모르는 경우도 많다. 이는 수학 지능, 언어 지능, 음악 지능, 공간 지능 등이 상호 독립적이기 때문이고, 영재가 모든 영역에서 탁월함을 보이는 만능가제트일 수 없음을 보여주는 단적인 예이다.

심리학자 엘렌 위너^{보스턴대 · 심리학}는 '지능 면에서 탁월한 영재가 건강, 사회적 적응력, 도덕적인 품성까지 우수하다' 는 '영재

신화' 에서 벗어나라고 지적한다. 또한 '영재들이 언어, 수리 등 각각의 분야에서 불균형적인 재능을 갖고 있는 것은 일반적인 현상이다. 영재를 모범생과 혼동하지 말아야 한다.' 는 것을 강조했다.

이러한 영재에 대한 시각의 변화는 오늘날 급변하는 우리 사회가 요구하는 인재상과도 잘 맞아떨어진다. 직업의 종류가 날로 늘어가면서 개개인의 능력 역시 다양한 영역으로 나눠 평가받는다. 과거에는 생각지도 못했던 분야의 능력이 이제는 사회의 성공모델로 여겨지는 경우가 갈수록 많아지고 있다. 과거에는 연예인이라고 한다면 그저 딴따라에 불과하다고 여겨서 제대로 된 직업이라고 인정을 받을 수 없었다. 하지만 지금은 어떠한가? 한 오락 프로그램의 MC는 유연한 화술과 재치, 그리고 출연자와 프로그램을 장악하는 능력을 높게 평가받아, '리더십' 과 '차별화된 능력' 으로 인정받고 있다. 어디 이뿐인가. 과거에는 머리가 안 좋은데 힘만 센 아이들이 스포츠를 한다는 편견이 지배적이었지만, 박세리나 박찬호의 활약상은 그동안의 선입견을 깨고 아이를 키우고 있는 부모라면 한 번쯤 장난감 골프채와 야

구공을 사주면서 은근히 기대를 품은 경험이 있을 것이다.

　지금까지의 신화가 '모든 과목에서 탁월한 성적을 보일 경우에 우수한 인재'였다면, 오늘날의 새로운 진실은 진정한 인재란 모든 교과에서 우수한 성적을 보이는 모범생, 성적우수자, 만능가제트가 아니라, 단 하나의 분야라도 탁월한 재능을 보이고 능력을 인정받는 사람으로 바뀌어 가고 있다는 것이다.

　따라서 부모는 아이가 '모든 분야'를 잘하기를 바랄 것이 아니라 '어느 분야'에서 가장 뛰어난 재능을 나타내는지 제대로 파악하여 그 재능을 키워주려는 노력을 기울여야 한다. 설혹 그것이 부모 자신이 평소 원하던 분야나 능력이 아니더라도 아이 스스로가 학교에서, 사회에서 우뚝 설 수 있다면 냉정하게 객관적으로 판단해봐야 한다는 것을 명심하자. 아이는 결코 인형이나 로봇이 아니기 때문에 더더욱 그렇다.

● **지금까지의 신화** : 전 과목을 두루 잘해야 한다.
● **앞으로의 진실** : 모든 것을 잘하기를 바라지 말고, 아이의 숨은 재능을 찾아서 키워야 한다. 또한 아이의 숨은 재능이 꼭 학교 공부에만 있는 것은 아니다.

공부 잘하는 아이와 재능 있는 아이

일반적으로 국어나 수학을 탁월하게 잘하면 영재라고 불려지고, 음악이나 미술에 월등하면 재능이 있는 아이라고 불리고 있다.

영어로 영재를 뜻하는 단어는 'gifted' 와 'talented' 가 사용되고 있다. 그런데 'gifted' 는 학문적으로 뛰어난 능력을 뜻하는 데 반하여 'talented' 는 예술, 체육 분야 등에서 뛰어난 능력을 표현하기 위해 사용된다. 영어 단어의 구분처럼 지금까지 우리는 별다른 의심 없이 학문적으로 뛰어난 아이와 재능 있는 아이를 구분하여 생각해왔다.

그렇다면 이 둘의 차이는 과연 뭘까? 그동안의 선입견은 영재성은 두뇌의 영역이고, 재능이라 함은 일종이 재주, 또는 끼의 영역으로 분리해버렸다. 이러한 구분은 영재성을 좀 더 높은 차원의 개념으로 정립시켰고, 아이를 공부시키는 데 있어 영재성이 궁극적인 목표라고 생각하게 만들었다. 반면에 재능은 단순히 취미활동, 또는 아이의 감성을 키워준다는 일종의 보조교육으로 치부되는 경우가 많았다. 그러나 실제로 영재아나 재능아를 구분하는 합리적인 근거는 없다. 그동안 뭔가 다를 것이라고 생각했었지만 영재아와 재능아의 행동을 살펴보면 공통의 특성을 찾을 수 있으며 이 특성들은 '영재의 특성'과 잘 맞아떨어진다. 이는 결국 영재아와 재능아는 다른 의미일 수 없다는 것을 말하며, 엄밀하게 말하면 재능이나 영재성이나 같은 의미로 받아들여야 한다는 뜻이다. 대표적인 '영재아'와 '재능아'의 사례를 비교해보면, 이러한 공통점을 구체적으로 찾을 수 있다.

〈10살 때 대학에 입학하여 9년 동안 학부와 대학원 석, 박사 과정을 마친 19살짜리 소년이 아칸소대학에서 물리학박사학위를 취득했다. 화제의 주인공은 존 카터로, 4살 때 이미 읽고 쓰는 것을 익혔으며, 9살 때 대학 기초 수학과정을 모두 이수했다. 카터의 부모는 카터가 10세가 되는 해에 핵 물리학자 그레그 베일에게 보내 배우도록 했으며, 초등학교 4학년인 나이에 대학생이 된 카터는 학교 당국으로부터 정상적인 나이의 학생에 비해 훨씬 더 우수한 학생으로 인정받았다. 카터는 미주리 주 네오쇼에 있는 크라우더 칼리지에서 올 여름학기부터 교수로 일할 예정이다.〉

중앙일보에 소개된 미국의 존 카터라는 사람의 이야기다. 우리가 알고 있는 전형적인 학문 분야의 영재 성장 스토리다. '정말 대단하다!' 라는 말이 절로 나오는 사람이지만 이것은 단지 그가 단시간 내 이뤄낸 성취 때문만은 아닐 것이다. 다시 아래는 우리가 잘 알고 있는 음악가 모차르트의 성장 스토리다.

〈어렸을 때부터 재능을 나타내어 4세 때 건반 지도를 받고 5세 때 소곡小曲을 작곡하였다. 6살 때 궁정이 있는 뮌헨에 가서 연주하였으며 8세 때 바이올린소나타와 최초의 교향곡제1번 En장조 등을 작곡했다. 유년시절에는 총 9성부로 이루어져 있는 11분 길이의 곡을 한 번 듣고 오선지에 그려냈다고 한다. 그의 작곡 패턴도 그러하다. 지금 남아 있는 모차르트의 자필 악부들을 보면 그가 수정한 흔적이 거의 남아있지를 않다. 음악적 영감만으로 사람들의 마음을 감동시키는 아름다운 곡들을 쏟아낸

것이다.〉

　　존 카터와 모차르트를 비교해보면 우리는 어렵지 않게 그 공통의 특성들을 찾을 수 있다.

1. 조숙성

　　'10살에 대학 입학', 그리고 '19살에 물리학 박사 취득' 이란 설명을 본다면 쉽게 이해할 수 있다. 일반적인 나이의 학습 과정과 비교해볼 때 쉽게 가능한 일은 아니다. 19살에 물리학 박사 학위라니? 여기서 존 카터의 조숙성을 볼 수 있다. 그리고 '4살에 건반 지도를 받아 5살에 소곡小曲을 작곡', '8살에 바이올린소나타와 교향곡 작곡' 을 한 모차르트 역시 또래에 비해 빠른 발전이 있었다.

　　➡ 또래보다 2～3년 조숙하다.

　　실제 영재아들은 일반 또래 아이들보다 2～5년 이상 빠르다. 따라서 대부분 영재아들은 다른 아이들에 비해 그만큼 빨리 배운다. 이는 지적 영역만을 말하는 게 아니다. 뭐든 자신이 관심을 갖고 있는 대상에 대하여 다른 아이보다 배우는 속도가 눈에 띨 정도로 빠르다는 뜻이다.

2. 자생성

'9살 때 기초 수학과정을 모두 이수' 했다는 존 카터는 조숙성뿐만 아니라 스스로 자신의 과제 해결과 학습목표를 달성하였음을 알 수 있다. 또한 '4세에 건반지도를 받고 불과 1년만인 5세에 소곡을 작곡' 한 모차르트 역시 최소한의 교육적 도움만으로 스스로 뭔가를 이뤄내는 자생성이 있다고 할 수 있다.

➡ 스스로 탐구하며 깨닫는다.

영재아들은 자신이 좋아하는 관심 분야에 있어서 최소한의 학습적 도움만 있으면 스스로 자신의 과제를 해결하고, 학습목표를 충분히 달성하는 모습을 보여준다. 또한 영재아들은 자신의 관심 분야에 관해서는 예측불허의 뛰어난 능력을 보이는 경우가 많다. 일순간 영감을 받아 모든 것을 다할 수 있다는 판타지를 말하는 것은 아니다. 자신의 관심 분야에 대해서 기본적인 교육을 받을 때, 전적으로 타인의 교육에 의지하여 진도를 나가는 것이 아니라 스스로 해결해가는 능력을 갖고 있다는 의미다.

3. 집착성

'19살에 물리학 박사 학위 취득과 대학교수 임용' 이라는 것은 단순히 머리가 좋다는 것을 넘어서, 자신이 하는 일에 대한 끝없는 열정과 집착을 느끼게 한다. 모차르트 역시 수세기가 지난 지금까지도 진정한 음악의 대가로 인정받을 수 있는 것은 그가 이뤄낸 아름다운 선율 뿐 아니라 그의 음악에의 열정, 즉 집착 때문일 것이다.

→ 뛰어난 과제 집착력을 보인다.

사람은 누구나 자기가 좋아하는 것을 더 자주 하게 되고, 자주 하다 보면 더 잘하게 된다. 그리고 자신이 잘하는 것을 계속 더 하고 싶어 하는 경향을 보인다. 영재아는 이렇게 자신이 좋아하는 분야, 잘하는 분야에 대한 집착력이 다른 아이들에 비해 두드러지게 높아 자신의 모든 에너지를 집중시킨다. 반면 자신이 흥미를 느끼지 못하는 분야에 대해서는 단호하다. 전혀 관심을 두지 않을 뿐만 아니라 주위에서 아무리 하라고 강요하여도 묵묵부답이다.

존 카터와 모차르트의 비교를 통해서 보았듯이 학문에서의 영재나 음악, 미술에서의 재능아라고 하는 아이들은 조숙성, 자생성, 그리고 집착성이라는 측면에서 차이가 없다. 성적에만 집착하여 아이가 무엇을 잘하는지를 제대로 알지 못하고, 아이에 대해 잘못된 판단을 내려 적성이 아닌 엉뚱한 쪽으로 강요를 하게 되는 실수를 피해야 하는 것은 바로 이 때문이다.

● **지금까지의 신화** : 국어나 수학을 탁월하게 잘하면 영재이고, 음악이나 미술 등에 월등하면 단지 끼나 소질이 있는 아이이다.
● **앞으로의 진실** : 영재아와 재능아를 구분하는 합리적인 근거는 없다. 오히려 공통적인 특성을 보여준다.

머리가 좋아야 성공한다

> 뛰어난 인재를 이야기할 때, 주로 IQ의 높고 낮음만을 갖고 판단한다.

실제로 인재나 능력 있는 아이를 구분하는 기준이 명확하지 않았던 시절에는 지능지수IQ의 측정을 통하여 정해진 수치에 따라 아이들을 나누기도 하였다. 물론 학교 성적과 연관시키는 것을 전제로 한 기준이다. 그렇지만 지능 이외에도 사람에겐 다양한 능력이 있으니까 이를 고려해야 된다는 주장이 학계에서 일면서 지능검사 이외의 다른 기준, 예를 들면 '창의성 검사' 등이 최근에 많은 주목을 받고 있다. 따라서 영재성이라는 개념도 앞서 말한 대로, '지능지수가 높은' 에서 '어느 한 분야에서라도 특출한 재능을 보이는' 으로 점차 확대되고 있다. 즉 미술이나 음악 또는 체육 쪽으로 비범한 재주를 보이는 아이라면 그 아이를 '미술 영재', 또는 '음악 영재', '체육 영재'라고 부른다는 것이다. 학문 분야에서도 마찬가지다. 특정 분야로 세분화된 '수학 영재', '과학 영재' 등으로 부를 수 있다.

이런 아이들은 어느 한 분야에서는 영재라는 소리를 듣지만 다른 분야에서는 평범한 아이보다도 더 못한 평가를 받는 경우가 많다. 이처럼 아이의 평가 기준이 지능지수보다는 특정 분야의 우수성으로 확대되면서 지능지수가 그다지 높지 않더라도 어느 한 분야에 특출한 재능을 보이는지를 살펴보는 게 중요해졌다.

한 연구결과에 따르면 미술 영재아는 IQ가 79에서 133의 범위이고 평균지능이 107이라고 한다. 음악 영재아는 IQ가 95에서 139 사이를 나타내고, 평균이 121이라고 한다. 이처럼 지극히 평범하고 일반적인 지능지수를 갖고 있는 아이들도 각 분야에 있어서 우수한 아이로 평가받는다는 것은 지능지수가 꼭 절대 기준일 수 없다는 의미이기도 하다. 일반적으로 높은 지능지수가 뭔가를 이루기 위해 큰 영향을 줄 것이라 기대하지만 실제로는 그다지 높은 지능지수가 아님에도 대단한 성취를 이뤄낸 사람들을 종종 볼 수 있다. 에디슨이 지능지수가 대단히 높지 않았음에도 불구하고 많은 위대한 발명을 했음은 이미 잘 알려진 사실이다. 그렇다면 여기서 한 번 생각해보자. 혹시 내 아이가 예능 분야에서 뛰어난 창의성을 보이고 그 분야에 대한 집중도가 굉장히 높은데도 아이의 지능지수가 그다지 높게 나오지 않아서 '그럼 그렇지...공부 머리가 안되는 애가 설마 영재기야 하겠어...'라며 쉽게 아이의 재능을 부정해버리는 실수를 저지르지는 않았는지.

지난 20세기의 사회는 우수한 지능지수를 갖고 있는 사람을 우선적으로 필요로 했다. 엘리트라는 개념도 각각의 분야에서 세분화된 것이 아니라 특정 분야로 국한되어 적용되었다. 특히 문학이나 예술 등 비생산적이라고 평가되는 분야에서 우수한 재능을 보이는 사람은 영재가 아니라 또 다른 재능과 끼의 영역으로 두었던 것이다. 과거처럼 인간의 활동영역이 다양하지 않았을 때는 단순히 머리가 좋은 영재가 사회에서 능력을 발휘하고 리더 역할을 할 기회가 많았기에 다른 분야에 기여할 수 있는 인간의 특성에 대한 세세한 분석이 요구되지 않았을 수도 있다.

그러나 변화된 21세기는 산업의 다양화와 활동영역의 확대로 인하여 요구되는 능력이 더 다양해졌고 세분화되었다. 즉, 단순히 지적 능력이 뛰어난 인력이 아니라 과학, 수학, 음악, 미술, 체육 등 각 분야에서 전문적인 지식과 능력을 갖춘 인재가 더 요구되고 있다는 말이다. 이러한 각 분야에서 특출한 재능을 보이는 인재의 양성에 있어, 그 판별도구로서의 지능지수는 이미 한계성을 드러내었다. 그만큼 영재의 개념과 기준을 구분 짓는 잣대에서도 과거처럼 지능이라는 하나의 관점으로만 볼 것이 아니라, 다양한 시각과 개념을 감안하여 재능을 찾을 수 있는 과정에 적용해야 한다.

한편, '21세기는 머리만 뛰어난 사람을 필요로 하는 사회가 아니다' 라고 해서 높은 지능지수를 가지고 훌륭하게 지적 성취를 이뤄가는 아이에게 혹시 다른 재능이 있지는 않을까 하고 아이를 들볶을 필요는 없다. '머리가 좋은 아이만이 영재이다' 라고 하는 것이 잘못된 개념이란 의미이지, 머리가 좋은 아이는 이제 더 이상 영재라고 부를 수 없다는 뜻은 아니다. 뛰어난 지능을 가진 아이도 분명 재능이 있다. 이런 아이는 또 거기에 걸맞게 재능과 능력을 키울 수 있도록 하는 '맞춤식 영재 교육' 을 하면 된다. 중요한 것은 과거의 기준에만 머물러서 그 오해와 편견으로 아이의 숨겨진 재능을 놓치지 말아야 한다는 사실이다.

단지 지능지수에 기대어 아이를 판단하는 것이 아니라 좀 더 세밀하게 아이를 관찰하면서 '지능' 외에 다른 '재능' 에도 주목할 줄 알아야 한다. 오히려 어느 한 분야라도 특정 분야에서 재능을 보이는 아이라면 그 재능을 받아들이고 그에 맞는 교육을 실시해야 할 것이다. IQ가 높고 낮음에 따라 일희일비하는 것이 아니라 IQ 외에도 아이가 갖고 있을 수많은 특성 중에서 무엇을 잘하고 있는가를 알아내는 것이 중요하다. 머리가 좋으면 성공할 수 있다라는 편협한 생각으로 아이를 키우는 것이 아니라 어떤 재능이 있는지를 제대로 찾을 수 있는 게 바로 부모의 역할이자 올바른 성장과 미래를 준비시킬 수 있는 교육의 기본이라고 할 수 있다.

● **지금까지의 신화** : 뛰어난 인재를 이야기할 때, IQ의 높고 낮음만을 갖고 판단한다.
● **앞으로의 진실** : 아이의 재능은 IQ와 상관없다.

천재는 타고난 것이다

천재는 태어날 때부터 타고난 것이다.

천재는 선천적으로 타고나는가, 아니면 후천적으로 길러지는가? 아이의 교육에 관심을 갖는 부모라면 누구나 궁금해하는 부분일 것이다. 만약 천재나 영재성이 타고나는 것이라면 내 아이의 영재성을 빨리 찾아내어 거기에 걸맞는 교육을 시키고자 하는 것이 부모의 마음일 테고, 반면 영재성이란 게 후천적인 노력으로 길러지는 노력의 결과물이라면 왠지 '우리 아이도 노력만 하면 영재가 될 수 있겠네.' 라는 희망을 품게 되는 것이 부모의 마음일 것이다.

천재는 타고난 것이라고 한다. 그런데 여기에 의문부호를 다는 사람들이 생겼다. 바로 심리학자들인데, 이들은 '영재성은 전적으로 노력의 결과이다.' 라고 주장한다. 뭐가 진실이고 정답일까?

남다른 재능을 가진 아이들은 그 분야에 있어서만큼은 조숙성, 자생성, 과제집착력 등과 같이 일반 아이들과 구분되는 뚜렷한 특성이 있다. 이 아이들은 최소한의 교육과 도움만 있으면 스스로 과제를 해결해 나가는 힘이 있다. 뿐만 아니라 그들 자신의 학습방법과 문제해결에 있어 나름대로의 독특한 접근을 시도한다는 특성을 보여주고 있다. 이런 의미에서 유전론자들은 재능이란 어느 정도까지는 유전인자의 결과이며, 엄마가 아이를 뱃속에 가지고 있는 임신기간 동안에 발생한 호르몬 영향의 결과라고 주장하고 있다.

반면 아무리 일찍 시작하고 열심히 노력한다고 하더라도 재능이 없는 대부분의 아이들은 특별한 재능을 가지고 태어난 아이들보다 조숙성, 창의성, 집착성이 상대적으로 적다고 볼 수 있다. 드물기는 하지만 엄청난 노력의 결과로 높은 수준의 성취를 이룩한 '일반적인' 아이들도 있다. 그러나 이들은 어른에게 지속적인 도움과 교육을 받지 않으면 뭔가를 이뤄내기가 힘들고, 특별한 능력을 가지고 있는 아이들처럼 빠른 시간 내에 훌륭한 결과물을 내놓을 수도 없다. 그 이유는 앞서 말한 것과 같다. 어떤 영역을 집중적으로 해결하려는 노력에 의하여 그 영역을 조기에 꼭 성취하는 조숙성과, 최소한의 교육환경과 도움만으로 그 자신의 법칙을 스스로 찾아내는 자생성, 뛰어난 과제집착력이라는 특성에 있어서 차별화되는 부분들 때문이다. 이는 '선천적으로 타고 난다.' 라는 말을 부정할 수 없게 만든다.

그렇다면 '선천적으로 타고 난다.' 라는 주장을 인정한다고 해서 후천적인 면이 아무런 영향을 끼치지 않는다고 말할 수 있을까?

"천재는 1%의 영감과 99%의 땀으로 이루어진다."는 에디슨의 말에서 알 수 있듯이 아무리 타고난 재능이 뛰어나다고 할지라도 노력하거나 훈련하지 않는다면 빛을 잃고 말 것이다. 즉 자신이 재능을 보이는 분야에 대해 집중적인 훈련과 노력을 하지 않는다면 결국엔 아무도 알아주지 않고 묻혀있는 보석이 될 수밖에 없다는 것이다. 재능은 타고나는 것이라 인정한다지만 드러나지 않은 재능, 계발되지 않은 재능을 찾을 수 없다면 그건 애초부터 존재하지 않는 것과 다를 바가 없다. 재능을 찾아내고 계발해나가는 과정, 즉 후천적 노력이 있어야만 진정한 재능으로 인정받을 수 있다. 아무리 영재라고 한들 가만히 앉아서 모든 진리와 공식, 그리고 능력을 갖추고 있는 신이 아니기 때문이다. 따라서 뛰어난 재능을 가진 아이가 발휘하는 능력의 '결과'는 타고난 것이라기보다 성장환경이나, 교육, 훈련의 몫이 더 크다고 생각할 수도 있다.

아이가 성장해가는 과정에서 재능을 발굴하지 못한다거나, 이를 발굴하더라도 계발해나가지 못한다면 결국엔 사장되고 만다. 특정한 재능을 타고난 아이가 부모나 교사의 무심함 때문에 발견조차 되지 못하는 안타까운 경우도 있을 것이며, 아이의 재능을 발견해 놓고도 올바른 교육이 이루어지지 않아 아이의 재능이 사라져버리는 경우도 있을 것이다. 우수한 능력의 소유자를 발견하지 못하거나 능력을 계발하지 못하여 그 능력을 사장시킨다는 것은 여러모로 안타깝고 애석한 일이다.

'천재는 타고난 것이다.'에 대한 논의는 더 이상 무의미하다. 선천적으로 재능을 타고났다고 하더라도 후천적으로 계발하거나 스스로 노력하지 않는다면 사라지고 말 것이다. 따라서 선천적인 요인과 후천적인 요인이 서로 보완적인 상호작용을 이룰 때 진정한 재능이 만들어지는 것이다.

재능이라는 것은 타고난 것으로 볼 수 있지만 앞서 이야기한 바대로 홀로 모든 것을 깨우쳐 가는 게 아니기 때문에 올바른 교육환경을 제공해주는 것이야말로 아이에게 미래를 향해 힘껏 날아갈 수 있는 날개를 달아주는 것이다.

- **지금까지의 신화** : 천재나 재능은 오로지 타고난 것이다.
- **앞으로의 진실** : 천재는 타고난 재능을 발굴하고 키워줄 수 있는 적합한 교육환경이 있을 때 꽃을 피운다.

모든 아이들에게
균등한 교육을 해야 한다

모든 아이는 동일한 교육을 받아야 한다

가장 많은 논쟁거리와 입장 차이를 보이고 있는 주제가 바로, '모든 아이는 약간의 차이를 갖더라도 일괄적으로 교육을 해야 된다'는 것이다. 쉽지 않은 주제이다. 실제로 우리나라의 교육체계는 대다수의 아이들이 비슷한 재능과 자질을 갖고 있다고 전제한다. 그리고 개인의 재능과 학문적인 차이는 '노력'의 여부에서 판가름이 난다고 규정하고 있다. 똑똑한 아이와 모자란 아이의 차이는 '성실'과 '노력'에 의해 극복할 수 있다고 하는 것인데, 그렇게 틀린 말은 아니다. 성실과 노력이라는 미덕은 누구도 부정할 수 없는 인성교육의 기본이기에 이를 부정하는 것은 아니다. 다만, 모든 것이 이 두 가지에 의해 이루어지고, 극복할 수 있다는 것은 아이들마다 제각기 다른 재능을 갖고 있을 것이다는 전제와 배려가 빠졌다는 것이 문제이다.

지금 교육계에서 많이 이야기되는 것이 바로 '눈높이', '맞춤식' 교육이다. 그런데 이런 교육의 지향점이 특정한 재능을 찾아서 거기에 맞는 맞춤식 교육을 제공하는 것이 아니라, 학교에서 성적을 올려 우등생이 된다는 데 있다는 사실을 깨달아야 한다. 모든 아동은 상대적인 의미에서 장단점이 있기 때문에, 특별한 재능을 갖고 있는 아이는 당연히 별도의 교육 환경이 필요하다.

주위를 둘러보면 아이의 재능에 따라 별도의 교육과정을 받는 경우를 볼 수 있는데, 음악에 재능을 가지고 있는 어린이들은 개인 레슨을 통해 그들 수준에 맞는 특별한 음악교육을 받는다. 미술에 재능이 있는 아이들도 학교 미술시간에 충분한 환경을 제공받지 못한다. 그래서 이 아이들은 보통 멘토를 통해 교육을 받든지, 학원에 다닌다. 체육 영재들은 학교 밖에서 훈련을 받는다. 즉 그들은 스케이팅, 수영, 테니스, 발레 등을 특별한 코치로부터 차별화된 교육을 받는다.

　　그러나 학문적으로 재능을 보이거나 다른 재능을 갖고 있는 아이들은 그들을 위한 교육기관이 갖추어 있지 않기 때문에 학교 밖에서조차 교육을 받지 못한다. 일반 사설 입시 학원의 수준이 아니라 말 그대로 특정 학문 분야의 재능을 키울 수 있는 기관을 쉽게 찾을 수 없다는 뜻이다. 이런 아이들은 그저 다른 아이들과 똑같은 교육과정에서 자신이 알아서 열심히 하는 수밖에는 없다. 특별한 교육을 받는다 하더라도 보통 그들은 창의적이고 사고 교육을 위한 심화클래스에 일주일에 한 번 정도로 참석할 뿐이고, 그들은 그들의 재능과 관련된 어떠한 특별과정의 학습을 받을 수 있는 교육환경이 없다.

　　하지만 5~6년 정도의 조숙성을 나타내는 우수한 아이들을 생각한다면 너무나 교육환경이 부족하다. 이 아이들을 위한 가장 좋은 프로그램, 학급, 학교라 할지라도 오늘날 제공되는 각종 프로그램들은 그 한계점을 나타내고 있다. 단지 약간의 심화과정을 제공한다는 정도일 뿐, 그것은 영재 개인의 재능과 능력을 키울 수 있는 '맞춤식'이 아니라 우등반 개념의 운영에 지나지 않는다.

지금 내 아이가 어떤 재능과 자질을 갖고 있는지를 면밀히 살펴본다면 그것이 단순히 '상대적'인 자질인지, 아니면 조숙성이나 집착, 창의성을 갖추고 있는지를 알아봐야 할 것이다. 또한 그것이 학문적인 재능인지, 아니면 예술적인 재능인지를 구분할 줄 알고, 이를 어떻게 발달시켜 나가야 할지를 고민해야 한다. 부모라면 내 아이가 무조건 예쁘고, 똑똑하고 남들보다 못하지 않은 사랑스런 아이로 생각할 것이다. 그러나 단지 사랑으로만 바라볼 것이 아니라 어떤 재능을 갖고 있는가를 알아야 하고, 당연히 이에 맞는 교육과정과 환경을 어떻게 만들어줄 것인가를 고민해야 한다.

● **지금까지의 신화** : 모든 아이들은 동일한 교육을 받아야 한다.
● **앞으로의 진실** : 재능은 상대적인 것이 아니라 특정 분야의 특수한 재능이다. 따라서 거기에 맞는 개별적인 교육과 환경을 제공받아야 한다.

부모가 아이의 성공을 이끈다

부모가 아이에게 높은 관심과 노력을 기울일수록 아이의 재능이 커진다.

치맛바람. 숱하게 들어온 우리나라 교육계의 속어이다. 우리나라만큼 이 치맛바람이 거세게 부는 곳도 없을 것이다. 교육에 대한 높은 열정과 아이의 성공된 미래를 만들기 위한 부모의 바람이 너무 지나쳐서 나온 말일 것이다. 혹자는 이렇게 말한다. 우리나라와 같이 학벌과 공부에 대한 기준이 너무 높은 사회에서는 이렇게라도 해서 자기 자식을 성공시키려 하는 것이고, 또 이런 문화로 인해 그나마 상당히 높은 교육수준을 보유하고 있는 게 아니냐고 말이다. 사실 공부가 혼자만의 의지와 노력으로 쉽게 되는 것은 아니다. 재능도 마찬가지이다. 아무리 개인의 능력이 뛰어나고, 거기에다 조숙성과 집착력, 그리고 창의성을 갖고 있다 하더라도 혼자만의 노력으로는 재능을 키울 수가 없다. 그렇기 때문에 부모의 도움과 노력이 없이는 재능을 계발하는 것이 힘들다는 게 사실이다.

그러나 부모의 강한 압력과 높은 성취 기대가 재능을 만드는 것은 아니다. 오히려 부모들은 종종 재능을 망치기도 한다. 특히 정서적으로 문제를 일으키는 경우가 많다. 이렇듯 자기 자식을 위하여 높은 관심과 노력을 보인다는 게 그 의도와는 달리 아이의 재능을 망칠 수도 있다니 아이러니한 일이라 할 수 있겠다.

부모가 너무 강하게 요구할 때 아이들은 한마디로 탈진해 버린다. 이것해라, 저것해라 하면서 몰아붙이는 어른들의 욕심에 아이는 자신이 갖고 있는 재능과 특성을 제대로 펼쳐 보이기도 전에 지쳐버리는 것이다.

이런 부작용은 재능과 관련해서는 더 심각하다. 특히 '창의성' 이라는 고유의 특성마저 잃게 된다는 심각한 문제를 안고 있다. 부모의 통제 하에 로봇처럼 움직여야 한다면 그건 재능을 키워가는 것이 아니다. 창의적인 것이 아니라 수동적으로 시키는 대로 하기 때문에 재능이나 자질을 잃어버리는 거나 다름없다.

또한 부모가 아이의 재능에 대해 잘못된 판단을 내려 엉뚱한 교육으로 이끌어갈 수도 있다. 재능교육을 할 때 부모의 도움과 자극은 필요하다. 하지만 그 자극이 적절한 선을 넘어서버리면 아이들은 큰 어려움을 갖게 되는 경우를 종종 본다. 특히 문제가 되는 것은 부모가 자녀들이 갖고 있는 재능의 특성을 모르고 무조건 부모들이 바라는 방향으로 요구하는 것이다. 바로 이런 부모들이 많은 아이들을 불행하게 만들고 있다.

과거에는 부모의 성화라고 해봤자 사실 '독려'를 한답시고 생활 전반에 대한 감시와 통제가 전부였다. 지금은 일방적인 감시와 통제는 아니지만, 고등교육을 받았기 때문에 오히려 자신이 갖고 있는 재능 자체에 대한 판단과 가치 기준으로 모든 것을 결정하는 사례가 많다. 많이 알고 있는 만큼 재능이나 교육에 대해서 나름대로 기준과 방법이 있다고 생각할 수 있다.

그러나 때로는 그 기준과 방법이라는 게 너무나 많이 알고 있기 때문에 범하기 쉬운 오류일 수도 있다. 한번은 임신한 지 얼마 되지 않은 신혼부부를 만난 적이 있다. 이 부부는 앞으로 아이를 어떻게 교육시킬지에 대한 갖가지 포부를 갖고 있었는데, 아이가 태어나면 순차적으로 다양한 교육프로그램을 경험하도록 해서 아이의 재능을 일찌감치 계발하려고 맘먹고 있었다. 재능이라는 게 어린 시절에 발견해야 하므로, 음악 학원, 피아노학원, 미술 학원은 물론이고 발레나 태권도 같은 운동도 경험하도록 하겠다는 것이다. 남편은 자신이 어린 시절에 공부를 안했던 게 지금 와서는 너무도 후회가 된다며, 어릴 때 공부습관을 확실히 잡아야 한다고 생각하고 있었다. 그래서 영어 교육을 확실히 시켜서 자기처럼 영어에 후회하는 일이 없어야 한다고 말했다. 이 부부는 '재능은 어린 시절에 계발해서 키워줘야 한다'는 명제는 기억하고 있었지만, '지나친 기대와 압박은 아이의 재능을 망친다'는 사실을 잊고 있었다. 재능계발이란 명목 하에 11개의 학원을 다니고, 이 때문에 피곤에 지친 아이의 모습이 벌써부터 눈에 그려져 마음이 아팠다.

바로 이렇게 요즘에 부모가 아이를 '프로그래밍' 하려는 경향으로 바뀌고 있다. 아는 만큼 해보겠다는 지나친 의욕인데, 문제는 한발짝 뒤로 물러서 조언과 협력자의 위치가 아니라 부모 스스로가 뭔가 해보겠다는 생각이 앞선다는 것이다. 이런 의욕은 곧 욕심이 되고, 아이를 객관적으로 보는 것이 아니라 부모의 의지를 대신 실행해주는 존재로 전락시켜 버린다.

- ● **지금까지의 신화** : 부모의 강한 의지와 높은 기대가 재능을 키운다.
- ● **앞으로의 진실** : 부모의 과도한 욕심은 재능을 키우는 것이 아니라 억누르게 되며 진정한 부모의 역할은 스스로 할 수 있도록 환경을 제공해주는 것이다.

아이의 숨은 재능을 이끌어내는 부모들의 전략

행동하는 부모가 재능을 찾아낸다

나날이 커가는 아이를 보면서 기대감과 초조함을 함께 느끼는 것은 당연하다. 나름대로 아이를 키우는 기준이 있을 텐데 그 기준이라는 게 본인의 의지와 원칙이라기보다는 주위에서 하는 말, 즉 '통상적인' 이야기에 의한 것이 대부분이다. 또한 이런저런 정보를 듣고 고민도 해보지만 도대체 어떤 것이 올바른 정보일까라는 생각에 우왕좌왕하거나 아니면 주저하는 모습을 보인다. 이런 어정쩡한 자세는 뭔가 해보겠다는 준비자세인 '태도'에만 머무는 꼴이다. 즉 '행동'으로 옮기지 못하고 고민만 하는 상태를 뜻한다.

평범한 엄마 아빠와 아이의 재능에 대한 깊은 관심을 갖고 올바른 교육을 하는 부모의 가장 큰 차이는 무엇일까? 그건 바로 태도와 행동의 구분에서 찾을 수 있다. 바로 아이를 '바라보고만 있을 것'인가, 아니면 뭔가 재능을 발달시키기 위하여 '적극적인 노력과 실천을 할 것'인가의 차이를 말한다. 따라서 고민만 하지 말고 아이의 재능을 발견하기 위하여 계획적인 행동을 취하는 것이 매우 중요하다.

아이를 사랑으로 따뜻하게 보살피는 것은 부모가 자식에게 하는 당연한 행위이다. 그러나 재능을 찾기 위한 행동은 좀 더 구체적인 관심과 실천지침을 요구한다. 무슨 일이든 계획은 완벽하다. 그리고 부모가 생각하는 상상 속 아이의 미래는 더할 나위 없이 원하는 바 그 자체이다. 문제는 상상 속에서 그렸던 그림과 현실에서 아이의 재능을 찾기 위한 과정이 얼마나 일치하는가이다. 이 과정에서 중요한 것은 정보의 수집과 자기만의 고민이 아니라 '실천의 마인드'이다. 사실 정보 수집이야 예전에 비해 많이 편해졌다. 인터넷으로 관련 정보를 검색하면 수많은 자료가 홍수같이 쏟아져 나온다. 이중에서 무엇을 선택하고 생각해야 할지를 고민해야 할 정도로 많은 정보를 얻을 수 있다. 때문에 아이의 재능을 어떻게 찾을 것인가에 관한 정보 수집은 그렇게 어려운 문제가 아니다. 오히려 수집된 정보를 바탕으로 부모가 아이에게 행동으로 보여주는 것이 가장 중요한 포인트다.

재능의 발견은 조기에 하는 것이 중요하다. 상식적으로 생각하더라도 아이가 재능을 보일 경우 그 시기가 빠르면 빠를수록 그 특성을 온전히 보유한 채 계발을 할 수 있기 때문이다. 재능이 있는 아이를 제대로 알아보지 못하고 그냥 지나쳐버릴 경우, 아이 스스로가 자신의 재능을 키워나가는 것은 아주 힘들다. 이는 아이와 부모에게도 안타까운 일이 아닐 수 없고 사회적으로도 우수한 인력에 대한 크나큰 손실일 것이다. 더군다나 아이의 재능을 발견하지 못한 채 부모가 자신의 기준만으로 아주 엉뚱한 분야로 아이를 키우려고 했을 때, 아이는 자신이 흥미와 재능을 보이는 분야가 아닌 다른 학습과 훈련과정에서 적응이 힘들어진다. 이는 재능을 망칠뿐만 아니라 아이의 성장과정 자체에 잘못된 결과를 초래할 수도 있다. 따라서 가급적이면 아이가 어릴 때 재능을 찾아주고, 그것이 발휘될 수 있는 분야를 찾아내는 것이 재능교육의 출발점이라고 할 수 있다.

과거 부모 세대에서는 영재성의 조기발견을 위해 학교나 단체에서 지능검사를 실시했었다. 그러나 지능지수로만 아이의 영재성을 따지기엔 설명이 부족하다는 것을 알게 되었고, 지능지수뿐만 아니라 다양한 분석도구와 지표를 갖고 아이의 적성과 재능 등을 알려고 하는 부모들이 갈수록 늘어나고 있다. 지능지수 검사에 대한 보완과 더불어 재능도 영재성이라는 논리에 맞추어 창의성 검사나 EQ 지수 검사 등으로 확대되고 있다.

그리고 이러한 부모의 요구에 맞춘 각종 진단도구들을 제시하는 기관이나 사설 교육 기관도 많다. 아이의 손을 잡고 이런 기관의 문을 두드리는 부모는 아무래도 자신보다는 전문적인 기관의 도움을 받는 것이 당연하다고 생각할 것이다. 그러나 아이가 검사를 받는 동안 어떤 결과가 나올 것인가를 궁금해 하면서도 지금 받고 있는 검사에 대한 신뢰성에 대해서는 100% 믿지 못하고 약간의 의심스러운 눈길을 가질 수도 있다. 부모가 만족스러운 결과이면 그대로 믿게 되고, 그렇지 않을 경우에는 검사 자체에 대한 약간의 의문이 불신으로 바뀌게 된다. 이래나 저래나 부모의 궁금증과 기대를 완벽하게 만족시켜주는 외부의 도움이란 있을 수 없다는 의미일 수도 있다. 그렇다면 도대체 자신의 아이에 대한 재능이나 영재성의 판단은 어떻게 하는 것일까?

외부의 도움이나 지능지수, 창의성 검사 등을 한다 하더라도 놓칠 수 있는 재능이 있다. 어디에 꼭꼭 숨어있어서 찾을 수 없는 것인지 몰라도 일회적인 검사를 통해서 발견하기에는 부족할 수밖에 없다. 아이도 사람이기 때문에 지표와 수치로만 뭐라고 이야기 할 수 없다. 하지만 일회적인 만남과 검사가 아니라 늘 함께하는 부모가 판단한다면 그 결과는 어떨까? 주관적인 감정과 시각이 개입되어 아이에 대해 우호적인 시선으로 판단할 수 있다는 한계가 있겠지만, 지속적인 관찰과 선별에 의한 정확성은 의외로 높다라는 연구결과도 나와 있다.

우선 부모가 먼저 아이의 재능이나 영재성을 판단하여 외부의 검사를 받으면, 정확도가 70%가 넘는다는 연구결과가 있다. 또한 부모와 교사 간의 비교에 있어서도 부모는 60%가 정확성을 보였고, 교사는 4% 내외의 정확성을 보였다고 한다. 이런 결과는 결국 가정에서 항상 아이와 함께 하는 부모가 발굴하는 정확도가 상대적으로 더 높을 수 있다는 것을 보여주는 사례이다.

　　행동하는 부모가 아이의 재능을 발견할 수 있는 가장 좋은 방법 중 하나로 독서와 다양한 경험의 장을 제공해주는 것을 들 수 있다. 먼저 독서를 알아보자. 독서의 중요성은 새삼 말할 필요도 없이 잘 알고 있다. 아이에게 재능이 있는지 없는지, 어떤 분야의 재능인지를 알기 위해서는 많은 분야와 접촉을 갖게 해야 하는데 모든 것을 직접 체험한다는 것은 사실상 불가능하다. 책은 그래서 중요한 도구가 될 수 있다. 다양한 분야의 관련 서적을 접한 아이의 반응을 찬찬히 살펴보자. 그럼 분명 아이가 좋아하고, 집중하는 분야를 알 수 있게 된다. 이렇게 책을 통해서 재능을 발견하려면 당연히 아이가 책에 대한 친밀감을 느끼게 해야 하는데, 그렇다고 무작정 '읽어라'고 한다면 거부감이 생길 수 있다. 그래서 대개 부모는 가장 먼저 책 읽는 분위기를 조성하는 것부터 시작한다. 부모가 책을 읽어주면서 책에 대한 친밀감을 갖게 하고, 서서히 아이가 스스로 책을 읽게끔 안내하는 인도자의 역할을 수행한다. 책을 읽으라고 강요하는 순간 재능의 발견이 아니라 스스로 하고자 하는 의지를 파괴할 수 있다는 것을 명심해야 한다.

  책 읽기는 이렇게 다양한 분야의 간접적 경험뿐만 아니라 교육적 자극에 있어 훌륭한 기능을 해주기 때문에, 영재성의 발견과 더불어 스스로 자신의 재능을 키워나가는 훈련을 자연스럽게 익히게 하는 효과도 볼 수 있다.

  다음은 다양한 경험의 장을 제공해주는 것이다. 보통 엄마 아빠는 아이를 데리고 여행이나 관람 등을 간다. 아이에게 뭔가 좋은 추억거리를 만들어주기 위하여 카메라와 맛난 음식을 싸들고 떠나는 가족여행은 신나기만 하다. 그러나 이 또한 재능을 발견하기 위한 과정으로 만들어야 한다. 예를 들어 여행이나 관람을 가더라도 '테마여행' 의 계획을 짜보는 것이다. 좋은 추억거리에서 머무는 것이 아니라 다양한 자극의 계기가 될 수 있는 여행이어야 한다. 그리고 특정한 주제를 갖고 떠난 여행이라면 사진만을 갖고 돌아올 것이 아니라 아이의 반응을 간단한 메모 형태가 될지언정 기록으로 남기는 것이 좋다. 어떤 주제의 여행이나 관람에서 어떠한 반응을 보였는지, 흥미를 갖는 정도가 어느 만큼인지를 기록해두면 책 읽기와 함께 종합적인 판단의 자료가 될 수 있다.

독서와 다양한 경험의 장을 제공한다는 것은 그만큼 태도에서 머무는 부모가 아니라 아이의 재능을 적극적으로 찾아보겠다는 이른바 행동하는 부모의 역할을 이야기한다. 그럼 행동하는 부모로서 가져야 할 마음가짐을 정리해보자.

작심삼일은 금물이다

꾸준한 행동이 중요하다. 아이를 상대하다보면 지치게 마련이다. 어떨 땐 아이보다 부모가 더 조급해하거나 또는 인내심의 부족으로 먼저 포기하는 경우도 생긴다. 그러면서 '자기 인생은 자기가 알아서 하는 거야.'라고 말하는 부모도 있다. 아이는 아이일 뿐이다. 당연히 도와주어야 한다. 작심삼일을 피하기 위해서는 일기나 블로그 등을 활용해서 아이의 변화를 기록하는 게 좋다. 서서히 조금씩 바뀌어가고 즐거워하는 아이의 모습은 그 자체가 부모에게 훌륭한 동기부여가 된다.

형식적인 태도를 피한다

아이들도 눈치가 있다. 부모의 행동이 형식적이면 아이도 거기에 맞게 반응한다. 형식적인 행위이면 아이도 형식적으로 하면 된다는 요령부터 터득하게 되는 것이다. 일정한 간격을 두고 과제를 규칙적으로 준다고 해서 '행동하는 부모'가 아니다. 그리고 그저 과제를 했는지, 안 했는지에 국한해서 점검한다면 아이는 과제를 풀어가는 과정보다 빨리 답만 채워 넣으면 된다는 생각을 하기 마련이다. 항상 일관되게 과제수행의 과정을 점검하고 같이 의논하는 습관을 가져야 한다.

항상 계획을 세우고 점검한다

즉흥적이고 충동적인 행동에 의한 것은 신빙성이 떨어진다. 아이를 키우다보면 문득 떠오르는 생각으로 행동할 때가 많다. 주위에서 아이를 키울 때 이래야 한다는 둥, 저래야 한다는 둥 여러 가지 이야기를 듣고 즉흥적으로 따라하는 것은 단지 부모의 욕심에 불과하다는 것을 알아야 한다. 처음에 원칙과 재능을 키워가는 방식을 설정하였다면 일종의 점검표를 만들어서 과정과 결과를 알 수 있도록 노력하는 것이 좋다.

여행이나 놀이를 할 때는 분명한 목적을 가져야 한다

여행이나 놀이는 추억 만들기에서 그치는 것이 아니라 아이의 영재성을 찾는 과정이다. 아이들과 어디를 가거나 놀이를 할 때는 솔직히 어른이 쉬러 가는 것이 아니라 또 다른 학습의 장을 체험하러 가는 것이다. 여행의 목적과 과정, 그리고 결과를 아이와 함께 공유하면서 배움의 과정과 학습의 자극이 되는 계기로 만들어야 한다. 함께 사진을 찍거나 방문한 느낌을 글로 적어서 가족신문을 만드는 것도 좋은 방법이다. 평소에 아이가 관심과 재능을 보이는 분야와 관련한 테마여행을 간다면 효과는 더욱 클 것이다.

행동한다는 것은 간섭이 아닌 조언이다

분명한 것은 적극적인 행동이라는 것이 결코 간섭이 아니어야 한다는 것이다. 아이에게 자율적으로 맡기는 것보다는 통제하는 것이 더 쉬워 보일 수 있다. 그러나 재능은 강압과 통제로 만들어지고 다듬어지는 것이 아니다. 오히려 망칠 수도 있기 때문에 이래라, 저래라하는 것이 아니라 조금씩 힌트를 주면서 아이 스스로가 해답을 구할 수 있도록 조언자의 역할에 충실해야 한다.

엄마 아빠가 행동하는 모습 자체가 훌륭한 본보기가 된다

부모가 독서하는 모습, 계획적인 행동 등은 아이가 자연스럽게 배울 수 있는 모범이된다. 말로만 '무엇이 좋은 것이다' 라고 하는 것보다 부모가 직접 행동으로 보여주는 게 가장 좋다. 아이가 책을 읽는 습관을 가지게 하려면 부모부터 먼저 독서하는 모습을 일상생활에서 자주 보여줘야 한다. 그리고 먼저 책을 읽어주면서 책 자체에 친근감을 가지게 하고, 읽어야 한다는 약속보다 읽는 것 자체를 즐기게 만들어야 한다.

여기서 주의해야 할 것은 특히 다양한 경험의 제공이나 독서에서 부모의 과도한 기대나 압력 등이 개입되어서는 안 된다는 점이다. 마치 돌잔치에서 아이에게 연필과 돈, 그리고 실 등을 두고 선택하라고 할 때 미리 부모가 원하는 물건 쪽에 가까이 앉혀두고 그것을 집게 하는 것이나 마찬가지다. 이것은 부모의 욕심일 뿐이다.

아이가 자라서 과학자가 되기를 바란다고 해서 아이의 책꽂이에 과학에 관련된 책을 빽빽이 꽂아두고, 과학 관련 프로그램을 자주 틀어 놓는다거나, 과학박람회 위주의 관람을 다닌다거나하는 행위는 아이에게 과학 분야에 대한 노출의 빈도를 높여 아이의 재능을 정상적으로 체크하기 힘들게 만든다.

행동의 중요성은 누구나 알고 있다. 하지만 누누이 강조하듯이 그 행동이 간섭과 과도한 기대가 되어서는 안 된다. '행동하는 부모'가 되라는 것은 아이에게 조언자와 환경 제공자로서의 역할을 적극적으로 수행하라는 의미이지 부모의 기준과 잣대로 아이에게 적극성을 보이라는 말이 아님을 명심하자.

'재능의 발견과 계발은 부모로부터 시작된다.' 해도 과언이 아니다. 가정은 사람이 태어나서 가장 먼저 학습을 하게 되는 곳이며 아이는 자신을 키워주고 일상을 함께 보내는 부모로부터 자연스럽게 행동이나 가치관 등을 배운다. 즉 부모는 정규교육과정의 교사를 만나기 전에 처음 관계를 맺게 되는 인생의 첫 스승이자 거울이다. 처음으로 상호작용의 대상을 만나는 것이다. 이 때 부모가 어떻게 감정을 교감하고, 커뮤니케이션을 하느냐에 따라 재능의 발달은 큰 영향을 받는다.

재능을 올바르게 키워주기 위해서는 부모의 일방적인 행동과 강요가 아니라 아이와의 상호작용이 이루어져야 한다. 실제로 부모의 직업과 경제적 부의 정도가 재능의 발달과 교육의 효과에 미치는 영향은 아이와 부모와의 상호작용에 비해 10% 정도에 불과하다고 한다. 경제적으로 잘 산다고 해서 뒷바라지를 잘하는 게 아니라 상호간의 커뮤니케이션이 얼마나 원활하게 되느냐가 더 큰 효과와 작용을 한다는 의미이다.

부모는 재능을 보이는 아이 앞에서 아이와 지금 얼마나 교감이 되고 있는지를 먼저 확인해보자. 아이의 내면과 감정을 정말 이해하고 있는지, 아니면 겉으로 드러난 행동에 대한 반응만을 보이고 있는지를 점검하는 것이다.

객관적인 '나'를 통해 주관적인 '나'가 완성된다고 한다. 그런데 아이가 자신을 객관적으로 보기란 힘들기 때문에 부모의 시각이 필요하다. 객관적으로 아이를 보고, 재능을 찾아서 적절한 피드백을 줄 수 있는 상호작용이야말로 재능교육의 핵심이라고 해도 과언이 아니다. "눈높이 교육보다 더 중요한 것은 가슴높이 교육입니다." 넉넉하지 않은 환경에서도 영재 형제를 길러낸 아버지가 한 말이다. 맞는 말이다. 아이가 가장 많은 영향을 받고, 모방의 대상이 되는 부모라면 아이의 가슴과 자신의 가슴을 연결할 수 있어야 한다. 특히 스스로 탐구하길 좋아하는 아이라면 부모와의 상호작용을 통해 재능을 키워나갈 수 있도록 배려하는 부모가 되어야 한다.

부모가 아닌 아이 기준으로 생각하라

내 아이에 대하여 많은 기대와 사랑을 표현하려는 부모의 심정은 모두 같다. 아무리 바쁘고 힘들더라도 마음이야 늘 아이와 함께 하기에, 많이 챙겨주지 못한다고 해서 기대가 작아지는 것도 아니다. 더군다나 우리나라만큼 교육열이나 양육에 대해 높은 관심을 보이는 사회에서는 아이의 미래가 엄마 아빠가 어떻게 하느냐에 달렸다고 생각하는 경향이 높다.

헬리콥터형 부모Helicopter Parents라는 말을 들어본 적이 있을 것이다. 이 말은 헬리콥터 프로펠러처럼 자녀 주변을 맴돌며 아이가 성인이 되었더라도 간섭과 개입을 멈추지 않는 부모를 뜻하는 새로운 용어이다. 부모의 이러한 모습은 결국 아이가 스스로 독립적인 인격체로서 자라는 데 치명적인 영향을 끼치게 된다. 그래서 성인이 되어서도 계속 부모에게 의지하고 종속되고 만다.

많은 부모들은 이렇게 말한다. "요즘 사회가 어떤 사회인데요. 말마따나 경쟁에서 뒤처지지 않게 만들어야 하고, 이 사회에서 살아남기 위하여 당연히 보호를 해줘야 하는 거 아닌가요?" 그 심정이야 틀렸다고 할 수 없다. 그러나 문제는 이런 심정이 행동으로 표출되면 아이의 영재성이나 재능을 찾는 데 방해가 된다는 점이다. 보통 재능이 뛰어난 아이는 조숙한 면만 있는 것이 아니라 자생적이고 집착력이 강하다는 특성이 있다. 자아개념의 측면에서 보더라도 영재들은 대체로 정확한 자아상을 지니고 있다. 자기의 능력과 흥미에 대해 비교적 정확하게 알고 있으며, 자신이 무엇이 되고 싶은지도 일찍부터 생각하고 있다. 그런데 부모의 지나친 간섭과 개입은 당연히 자생성이나 집착력, 그리고 창의성을 망치게 하는 요인이 되며, 올바른 자아상의 정립과 자기능력의 파악을 제대로 못하게 할 수도 있다. 즉 본인 스스로 고민하고 해결하는 습관을 잃어버린다. 언제나 부모가 해결해주고 답을 제시해준다면, 굳이 자신이 갖고 있는 재능을 발휘할 필요가 없기 때문이다.

　　아이는 소중한 보물과도 같은 존재이다. 항상 주의하고 눈여겨보면서 키워야 한다. 보물은 소중히 여기며 눈앞에 두고 그 아름다움과 진귀함을 감상하는 객체이다. 보물 자체에 뭔가를 요구하고, 또는 보물에 휘둘리는 것이 아니다. 아이도 역시 객체로서 바라볼 줄 알아야 한다. 아이에 대한 기대는 아이가 스스로 원하는 바대로 잘 자라줬으면 하는 바람이어야 한다. 요즘엔 한 집에 기껏해야 하나, 둘 정도의 자식을 둔 부모가 많은데 아이가 무엇을 원하는가를 알기 이전에 부모가 해줄 수 있는 것이라면 무엇이든 해주어야 한다는 생각이 앞선다. 아이에게 예쁜 옷을 사주고 꾸며주지만 그 옷이 아이가 원하는 것이 아니라면 부모가 원하는 만큼의 만족감을 주지 못한다. 단지 예쁜 옷을 입은 인형 같은 아이의 모습에 흐뭇해하는 부모 자신의 충족감만 있을 뿐이다. 좀 더 아이의 마음을 배려한 부모들은 아이에게 "뭐 먹고 싶어? 뭐 사줄까?"로 아이가 원하는 것을 파악해 본다지만 이 역시 단순히 음식과 물건들로 압축해서 질문함으로써 아이의 사고 영역을 한정짓는 실수를 하게 된다.

더 나아가 교육이나 장래에 대한 설계에서는 아이가 기준이 아니라 부모 자신이 기준이 된다. 냉정하게 생각해보자. 아이가 무엇에 흥미를 갖고 있고, 또 어떤 재능을 갖고 있는지를 먼저 알고 그에 맞는 교육과 미래를 그려본 것인가를 말이다. 아니면 '내 아이는 의사가 되었으면 좋겠다, 골프선수가 되었으면 좋겠다.' 라는 자신의 기준과 욕심으로 아이를 대하는 게 아닌가라고 자문해보기를 바란다.

내가 낳은 아이라고 해서 아이가 부모의 소유물은 아니다. 이 세상에 태어난 그 순간부터 하나의 독립된 인격체이다. 알면서도 실제로 같이 부대끼며 살다보면 쉽게 잊어버리는 말이다. 그렇지만 독립된 인격체로 보지 못한다면 영재성이나 재능의 발견은 그만큼 어려울 수밖에 없다. 아이에게 잠재되어 있는 영재성보다 부모에게 종속되어 있는 분신으로만 여겨서 부모의 기준과 바람으로 양육을 하기 때문이다. 이렇게 되면 아이는 자신이 갖고 있는 영재성을 능동적으로 발휘하고 계발하는 것이 아니라 부모의 우산 밑에 기대고 있는 나약한 아이가 될 가능성이 높다. 영재성을 찾는 것이 아니라 파괴시키는 것과 다름없는 행위를 부모가 하고 있는 꼴이다.

마음을 비우면 아이가 보인다. 내 분신이나 아바타가 아니라 아이 그 자체의 모습이 눈에 들어올 것이다. 마음을 비운다는 의미가 방치를 뜻하지는 않는다. 그냥 아이 혼자서 놀도록 내버려둔다는 게 아니라 지켜보라는 말이다. 사실 지켜보면서 아이의 영재성이나 재능을 발견하는 과정은 많은 인내심과 자제력을 요구한다. 문득문득 이렇게 하면 안 되는데라며 자꾸 끼어들려고 하는 자신을 볼 수 있다. 그러나 그런 마음이 생길 때마다 부모가 기준이 아니라 아이가 기준이다는 생각으로 차분하게 바라볼 수 있도록 일종의 선을 긋는 게 필요하다.

재능교육을 아이의 적성에 맞는 맞춤식 교육의 과정으로 이해한다면 굳이 재능을 보이지 않음에도 불구하고 억지로 거기에 맞추어서 닦달할 필요가 없다. 재능을 '우등생'이 되기 위한 하나의 자격으로 이해해서 기어이 엄마 아빠의 욕심으로 영재교육이나 재능발달과정으로 편입을 시키면, 그동안 잘 하고 있던 공부마저도 손을 놓고 학습거부 증세를 보일 가능성이 높다. 미국의 심리학자 엘렌 위너는 "영재가 아닌 아이가 부모의 뜻에 따라 영재교육을 받다가 진도를 못 따라가면 자책감에 빠져 우울증에 걸릴 수 있다."고 경고하기도 했다. 실제로 많은 우등생 아이들이 부모의 손에 이끌려 영재교육과정에 입문하였다가 중도 탈락은 물론 그동안 잘 해오던 공부마저도 손을 놓게 되는 사례는 빈번하게 발생한다. 이 모두가 부모의 욕심에서 비롯되는 결과이다.

부모는 항상 여유 있는 자세를 유지해야 한다. 부모 스스로가 조급해지면 아이의 재능을 찾으려는 과정에서 잘못된 판단이 나올 수 있다. 또 어떤 재능이 발견되었다고 해서 호들갑을 떨어서도 안 된다. 아이가 견디기 힘들 정도의 기대와 압력은 가뜩이나 고립적인 성향을 갖고 있는 영재아가 스스로 마음의 문을 닫아버리게 하는 결과를 초래할 수 있다. 재능의 발견과 교육도 중요하지만 이에 못지않게 정서적인 측면도 염두에 두어야 한다. 아이의 재능을 있는 그대로 인정하는 것, 아이가 하고 싶어 하는 것을 아무런 편견없이 이해하는 것부터가 마음을 비우는 부모의 자세에서 제일 먼저 요구되는 항목이다.

관찰의 '적극성'과 양육의 '소극성'을 지켜라

앞서 나온 이야기들을 본다면 부모는 아이에 대한 지나친 욕심과 기대를 버리고 주변에서 도와주는 '조언자'로서의 행동을 취하라고 정리할 수 있다. 부모의 적극적인 개입은 그것이 아무리 애정과 관심이라고 포장할지라도 재능이나 영재성을 발견하는 데 있어 장애물이 될 수 있다. 그렇기 때문에 마음을 비우라고 권유하는 것이다. 재능의 조기발견은 매우 중요하다고 하였다. 그래서 조기발견을 위해서는 책 읽기나 여행, 관람, 놀이 등 다양한 경험의 장을 제공해야 한다. 이때 부모의 기준과 욕심이 개입되어서는 안 된다. 때로는 이러한 적극적 개입이 지나친 나머지 일부 극성스런 부모는 아이의 재능을 측정하기 위

한 지능지수 문제를 미리 입수하여 자녀를 연습시켜 사설 영재
교육센터에 입학시키는 경우도 있다고 한다. 이러한 것은 재능
의 발견이 중요한 것이 아니라 자신의 아이가 영재아라는 타이
틀을 얻는 것이 더 중요하다고 생각하는 비뚤어진 부모의 욕심
일 뿐이다.

마음을 비우고 아이를 차분하게 살펴보는 관찰은 부모의
욕심과 기준을 버리고 아이를 있는 그대로 보고자 하는 마음에
서부터 시작된다. 그리고 그 관찰은 단순히 눈에 보이는 아이의
행동을 지켜보는 것이 아니라 그 행동을 유발시키는 심리 상태
나 원인에 대한 이해를 전제로 한다. 올바른 재능교육을 하고
있는 부모가 일반 부모와 다른 가장 큰 점은 교육의 기준이 부
모 자신이 아니라 아이에게 있음을 인정하는 데 있다. 아이와의
적당한 거리를 유지하면서 적절하게 멘토링을 해줄 수 있는 부
모야말로 영재성을 발견함과 동시에 아이의 재능과 영재성에
맞는 최적의 교육을 할 수가 있다. 이때 관찰과 관련하여 부모
가 기본적으로 생각해야 할 두 가지가 있다.

재능은 주입시킨다고 해서 생기는 것이 아니다

학교성적이나 지능지수 수치에만 의존하는 재능교육이 아니라 아이의 말과 행동을 면밀하게 살펴보면서 지금 이 시점에서 아이에게 필요한 것이 무엇인지를 알아내는 것 자체가 바로 가정에서의 영재교육이다. 왜냐하면 아이는 부모가 제공해주는 다양한 경험의 도구나 환경에서 스스로 교육적 자극을 받을 수 있기 때문이다. 자생성과 창의성을 고려한다면 더더욱 충분한 관찰에 의해 제공되는 교육적 자극이 효과가 있다는 것을 알 수 있다.

빈도를 체크하고 기록하는 습관을 가져야 한다

관찰은 막연하게 지켜보는 '태도'가 아니다. 적극적인 행동으로써의 관찰은 뚜렷한 결과가 나와야 한다. 아이가 주로 하는 말이나 행동의 빈도수가 어느 정도인지를 기록하는 것은 관심 분야의 재능을 발견하는 것뿐만 아니라 교육에 있어서도 유용한 자료가 된다.

관찰은 부모 스스로에게는 아주 적극적인 행동이다. 단, 아이에게 있어서 부모의 관찰이 감시나 통제로 보여서는 안 된다. 이 점이 매우 중요하다. 간단하게 말하자면 관찰의 '적극성'과 양육의 '소극성'이라는 원칙을 지키라는 말이다. 아이가 엄마 아빠의 관심과 관찰을 자신에 대한 통제로 받아들이는 그 순간, 재능은 위축되고 만다. 관찰과 통제 사이의 아슬아슬한 줄타기를 하면서 발생하는 부모와 아이 사이의 보이지 않는 긴장감은 언제나 아이의 편에서 생각하고 그 심리를 이해하고자 하는 마인드로 받아들여야 하며, 이런 긴장감은 적절한 거리감으로 관찰에 도움을 줄 수 있다.

그렇다면 개입이 아닌 관찰을 하기 위하여 아이를 어떻게 대해야 할까?

스무고개의 어법을 사용한다

관찰을 하다보면 아이가 왜 저러는지를 단지 행동으로 짐작할 수 없을 때가 있다. 그럴 때 아이와 대화를 나누는데 가급적 직접적인 질문과 대답을 강요하는 것이 아니라 마치 스무고개 문답놀이처럼 자연스럽게 아이가 자신의 생각을 말하게끔 한다. 아이들은 어떤 의문이 생기면 바로 직접적인 해답을 얻으려 한다. 그래서 '나무야?', '책상이야?' 라고 생각나는대로 '답'을 말하려고 하지만 부모가 자연스럽게 대화를 통해서 답을 알아가는 과정을 가르쳐주면 나중에는 '바퀴가 달린 거야?' 라거나 '앉는데 쓰는 거야?' 라고 어떤 사물이나 답에 대한 추론을 하게 된다.

말과 행동의 빈도 체크와 그 이유를 함께 메모한다

위에서 언급했지만 관찰의 가장 좋은 방법은 말과 행동의 빈도수 체크이다. 그러나 단지 어떤 분야에 대하여 몇 번이나 말을 하고, 관심 있는 행동을 했는지에만 끝나는 것이 아니라 왜 아이가 그렇게 관심을 갖게 되었는지에 대한 환경 분석도 함께 하는 것이 좋다. 예를 들어 유독 자연이나 동식물에 관심이 있는 아이라면 그것과 관련한 질문으로 어떤 것을 했는지, 그리고 그 질문에 대한 대답을 어떻게 했는지를 기록하는 것이다.

독립적인 인격체로서 개성을 인정해야 한다

아이가 뱃속에 있을 때 아이의 장래에 대한 상상을 많이 했을 것이다. 그러나 태어난 그 순간 부모와 별개로 존재하는 인격체이기 때문에 개성을 존중해줘야 하고, 재능이라는 것은 결국 아이의 개성으로부터 나오는 것임을 알아야 한다. 부모는 아이의 성격이나 개성에 대하여 '얘는 성격이 급해요.', '아이가 너무 느긋해서 걱정이다.' 등 대부분 파악을 하고 있다. 그런데 부정적인 측면만 보려고 하는 게 아니라 아이의 개성을 인정하고 오히려 그 개성이 갖는 장점을 키워나갈 수 있도록 고민해야 한다. 만약에 아이가 꼼꼼하게 따지는 걸 좋아한다면 수학이나 논리적 지능과 연관시켜서 재능으로 발달할 수 있도록 하는 것처럼 장점을 찾으려고 노력한다.

관찰은 중립적인 행동이 아니라 적극적인 행동이다. 욕심을 버린다면 아이의 재능을 키우는 데 있어 부모가 무엇을 해줘야 하는지를 가장 쉽게 알게끔 해주는 행위가 바로 관찰이다. 부모 자신의 잣대를 버리고 아이의 기준으로 볼 수 있으려면 '마음을 비운 채 관찰하는 것' 으로부터 재능교육은 제대로 출발하는 셈이다.

카운슬러식 대화법을 익혀라

다른 아이와 달리 재능이 뛰어난 아이는 혼자서 뭔가 몰두하는 경향이 있다. 그것을 자생력, 혹은 과제에 대한 집착력으로 해석할 수 있다. 그리고 주어진 과제에 대하여 스스로 해결하려는 의지는 단순히 정해진 해답의 과정을 따라가는 것이 아니라 다소 엉뚱할지라도 색다른 해결의 과정이나 발상을 하는 특징도 있다. 바로 이런 특징이 창의성이다.

지금 이 책을 읽고 있는 부모 세대까지만 하더라도 창의성은 엉뚱하고 무질서하다는 것의 또 다른 의미였다. 혹자는 학교 수업시간에 교과서의 답하고는 다르지만 '다르게' 생각할 수 있는 답을 이야기했을 때 선생님께 엉뚱하다는 이유로 혼나기만 했던 경험이 있을 것이다. 이렇듯 창의성은 기존의 질서나 규칙을 깨뜨릴 수 있는 발상이기도 한데 이를 억누르게 되면 당연히 창의성은 상실된다. 그리고 정답을 생각하도록 강요당하는 이른바 '주입식 교육'의 폐단을 겪게 되는 것이다.

이처럼 과거에 자신이 경험한 이런 교육방식을 아무런 문제의식 없이 당연하게 생각하는 부모라면 아이들에게도 똑같은 실수를 범하게 될 것이다. 바로 지나친 간섭과 강요로 아이를 창의성과는 무관한 '정답'만을 아는 모범생으로 키우는 교육을 지향하게 되는 것이다.

앞서 언급하였지만 부모는 마음을 비워야 한다. 마음을 비운다는 것은 욕심을 버린다는 의미뿐만 아니라 자신이 경험하고 알고 있던 교육의 기준 역시 새롭게 이해하거나 또는 과감하게 버릴 줄 알아야 한다는 뜻도 된다. '내가 이렇게 공부해보니 잘 됐어!'라는 생각으로 똑같은 방법을 취한다면 그건 정말 잘못된 것이다. 왜냐하면 부모세대의 '우등생 만들기' 학습방법이 아이 교육에도 효과가 있을 거라는 잘못된 판단으로 아이의 학습방법에 부모가 개입하는 것은 영재아가 가지고 있는 독창적인 학습방식과 특성을 파괴하는 행위이기 때문이다.

　　재능이 있는 아이를 둔 부모는 가급적 아이와 적당한 거리를 두는 것이 좋다. 지나친 간섭과 강요는 영재성을 파괴할 수 있기 때문에 거리가 좁다는 것은 친밀감이라는 긍정적인 영향보다는 '간섭과 개입'이라는 부정적인 영향이 더 크게 나타날 수 있다. 때문에 아이를 대할 때 마음을 비우고, 간섭과 개입을 하지말자는 것이다.

카운슬러식 대화법의 원칙

　　결국 부모는 아이에게 있어 '특별한 카운슬링'을 해주는 상담자여야 한다. 대개 카운슬러는 피상담자의 현 상황과 문제점, 그리고 해결방안을 제시하는 데 적극적인 양상을 보이지 않는다. 피상담자는 자신이 처한 상황에 대한 주도권을 빼앗기기 싫어하는데다 올바르게 이야기를 전달하려 하지 않는 경향이 강하다고 한다. 그래서 카운슬러는 처음부터 자신이 주도권을 갖는 것이 아니라 피상담자가 충분히 현 상황에 대하여 털어놓는 것을 듣는 것에서부터 상담을 시작한다. 그러면서 주의 깊게 말과 행동 하나하나를 살펴보면서 분석을 한다. 그리고 난 뒤 문제를 극복할 수 있는 방안에 대해 하나씩 힌트를 준다. 직접적인 해답이나 극복의 방법을 이야기해주는 것이 아니라 피상담자 스스로 해답을 찾아가는 과정에서의 조언자 역할을 하는 것이다.

이렇듯 적극적인 개입이 아니라 동반자로서 상황을 공유하고, 주관적인 감정의 개입을 배제하면서 어려움을 풀어가게 하는 카운슬러의 역할은 부모에게 꼭 필요한 부분이다. 혼자서 눈앞에 놓인 과제를 풀어가는 아이에게 자꾸만 빨리 해답을 얻기를 바라며 깊숙하게 개입하게 된다면 부모에게 의존만 하는 아이로 바뀔 뿐이다. 아무리 영재아라고 하더라도 처음부터 자신의 재능으로 모든 문제를 풀 수 있는 것이 아니다. 수학 영재라고 해서 갑자기 모든 공식에 통달하여 문제를 푸는 것도 아니고, 음악 영재라고 해서 모든 악기를 처음부터 연주할 수 있는 게 아니다. 어떤 장애물에 부딪힌 아이를 보면서 조금만 도와주면 되겠는데라고 생각하여 직접적인 도움을 주는 것이 아니라 조금씩 해결방법을 스스로 찾을 수 있도록 환경과 조언, 즉 힌트를 주는 것이 바로 '카운슬러로서의 부모' 이다.

카운슬러로서의 부모가 지켜야 할 원칙

- 영재아의 창의성을 키워주기 위해서는 부모의 지나친 간섭은 금물.
- 끊임없이 관심은 갖되, 적극적인 개입은 안 된다.
- 아이의 질문에는 '힌트' 를 주는 것으로 만족하자.
- '영재' 로서의 모습을 강요하지 말자. 너무 과도한 압력은 정서적 박탈을 초래한다.
- 부모는 안식처이지만 문제해결사는 아니다.

또한 카운슬러로서의 부모는 정서적 측면에 있어서 아이의 안식처가 되어줄 수 있어야 한다. 남다른 재능을 갖고 있는 아이는 또래와의 사고방식이 달라서 본인 스스로가 마음의 문을 닫고 혼자만의 세계에 빠질 수 있다. 그렇기 때문에 정서적인 면에서의 양육 또한 매우 중요하다.

아이에게 올바른 정서를 갖게 하는 것은 좋은 인품과 건강한 인격 형성에 도움이 된다. 따라서 부모는 아이에게 존경의 대상으로서 올바른 인품을 보여주는 모델이 되어야 한다. 즉, 가장 가까이서 올바른 성인의 모습을 배울 수 있는 일종의 롤 모델Role-model이 되어야 한다는 말이다.

존경받는 부모는 부모 스스로가 철학자이자 사색가여야 한다. 단지 재능 계발에만 치중하는 것이 아니라 아이 스스로가 그 재능을 올바르게 키우고, 인격 형성에도 노력하는 사람으로 키우기 위해서라면 더욱 그래야 한다.

아이가 올바른 인격체로 자라주기를 바란다면 부모 역시 자신이 올바른 인간으로서 생활을 하는지 점검해볼 필요가 있다. 인격체로서의 부모와 자식 간의 만남은 어린 아이에겐 진정한 안식처이자 상담자로서의 부모를 인식할 수 있도록 해준다.

그리고 아이와 '카운슬러로서의 부모'가 말 그대로 '카운슬링'을 하기 위해서는 어느 정도 주기적인 대화와 원칙이 있어야 한다. 그래서 아이와의 만남을 랜덤random하게 하는 것이 아니라 계획적이고, 가급적 주기적으로 가져야 한다. 그리고 이런 스케줄링은 아이에 대한 통제와 감시가 아니기 때문에 아이 위주로 맞추어야 한다. 하지만 여기서 중요한 것은 부모에게 어떤 차질을 빚을 수 있는 스케줄이 되어선 안 된다는 것이다. 특히 맞벌이를 하는 부모라면 더욱 자신의 일정에 피해를 보면 안 된다. 만약 부모의 생활과 일정에 피해가 생긴다면 규칙적인 카운슬링 자체가 흔들릴 수밖에 없다. 그래서 아이 위주로 하되, 적절한 안배를 하기 위해서는 항상 아이와 부모의 일정을 미리 생각해두고 스케줄링을 할 수 있도록 노력해야 한다.

'하지 마!' 는 곧 '되지 마!' 이다

아이를 키우는 부모라면 많이 들어본 말이 아이에게 '하지 마!' 라는 표현을 쓰면 안 된다는 조언일 것이다. 그럼에도 불구하고 쉽게 부모의 입에서 나오는 말이 '하지 마!', '안 돼!' 이다. 사실 이런 단어를 사용하는 것은 부모가 아이를 하나의 통제 대상으로 생각하기 때문이다. 내 아이니까 내가 통제해야 한다거나 구구절절 이야기하는 것보다 단호하게 이래라, 저래라하는 게 맞다는 생각이 은연중에 있어서 부정적인 말을 하는 것이다. 그리고 잘못된 버릇을 고치려고 할 때는 긍정적인 말보다 단호하게 부모의 카리스마를 보여줘야지만 효과가 있다고 보는 태도도 분명히 작용한다.

과연 그럴까? 부모의 단호함이 때로는 효과가 있다고 하지만 어떤 특정 행동이나 말을 했을 때 그 순간 '멈춤' 으로 반응한다고 해서 '효과가 있다' 라고 할 수는 없다. 겉으로 드러난 '멈춤' 을 보고 아이의 버릇을 고쳤다고 할 수 없다. 말 그대로 단지 그 순간에 멈추었을 뿐이다. 그런데 효과가 있다고 해서 계속 부정적인 말을 하게 된다면?

대개 부모들은 자신의 아이를 바라보면서 잘하는 것보다 못하는 것을 발견하려는 경향이 있다. 잘하는 것은 의례 잘하는 것이고, 못하는 것만 잡아주면 된다는 생각인데 이는 다른 아이와의 비교를 통해 더 심해진다. 이렇게 못하는 것을 위주로 아이의 행동을 바라보고, 또 고치려고 든다면 아이는 주눅이 들 수밖에 없다. 가뜩이나 부모에게 혼난다는 생각에 기가 죽었는데 다른 아이와 비교까지 당하면서 꾸중을 듣는다면 자신감 상실에다가 심지어 부모에 대한 신뢰마저 거두게 된다. 현명한 부모라면 아이가 잘하고, 못하고를 따지는 것이 아니라 잘하는 것을 찾는 습관을 가져야 한다.

부정적인 말을 하게 되면 부정적인 감성을 키워주는 꼴이다. 아이 역시 자신의 의사표현에 대하여 부정적인 말만 하는 부모에게 올바른 상호작용을 기대할 수 없기 때문에 반항이나 거부하는 태도를 보이게 된다. 즉 부모가 통제할 수 있는 일상생활의 잘못된 버릇이라는 범위를 넘어선다. 또 부모가 잘못된 것이 아닌가라고 하는 아이의 행동이나 특성이 재능의 특성일 수도 있다. 부모의 판단이 모두 맞다고 할 수는 없다. 그런데 부모가 자꾸만 '하지 마'라고 하면 어떻게 될까?

재능을 보이는 아이에게 부모는 많은 기대를 하게 마련이다. 이런 기대감은 아이에 대한 욕심으로 연결되어 많은 것을 시키고 싶은데 그때마다 아이는 자꾸만 부모 마음을 몰라주고 떼만 쓰는 천덕꾸러기처럼 군다. 그렇게 되면 아이의 재능을 눈여겨보며 기대를 하였던 부모도 서서히 인내심을 잃고 조급함에 빠져 짜증과 잔소리가 점점 더 많아진다. 반면에 아이 입장에서는 언제부터인가 엄마 아빠가 세상에서 제일 편한 존재에서 가장 귀찮고 낯설어지기 시작한다. '이래라 저래라'에서 '제발 좀 이렇게 하지 마!'라고까지 하는 부모는 어느덧 방해꾼으로 보인다.

부모의 부정적인 말과 감정의 전달은 결국 아이가 자신감을 상실하는 것뿐만 아니라 자신의 미래에 대한 부정적인 전망을 가질 수도 있다. 자신만의 시각과 행동이 통제되면 자신감이 상실되고, 이것이 쌓이다보면 자연스레 자신의 능력이나 존재에 대하여 부정적으로 생각하게 된다. '난 뭘 해도 항상 꾸중만 들어', '우리 엄마 아빠는 내가 뭘 하든지 하지 말라고 해' 라는 생각은 그래서 위험하다. 더군다나 재능을 갖고 있는 아이는 독립성이 강하기 때문에, 부모의 부정적인 언사를 '재능에 대한 부정' 으로 받아들일 수 있어서 더욱 치명적이다.

부모들이 평소 아이들을 통제하기 위해 많이 쓰는 표현은 지시어나 명령어이다. '이렇게 해!', '이건 지금 바로 해야 해!' 등이 일상생활에서 빈번하게 쓰는 말인데 이 또한 명확하게 아이가 이해할 수 있는 근거를 제시하는 것이 아니라 무조건 말을 들으라는 일방통행이다. 자신의 재능을 어느 정도 알고 있는 아이들이 독립적이고, 창의성이 강하다는 것을 감안한다면 오히려 이런 식의 통제는 완전히 자신만의 세계에 빠져 폐쇄적인 성향으로 돌아설 수 있다. 자꾸만 '하지 마!', '이렇게 해!' 라는 식의 부정적이고 강압적인 명령보다 부모가 먼저 모범을 보이는 게 좋다. 예를 들어 자신의 주변 정리를 잘못하는 아이에게 계속 치우라며 짜증을 부리는 것이 아니라 부모 스스로 늘 정리정돈을 한다면 아이는 자연스럽게 따라하게 된다. 이렇게 뭔가 지시하는 부모가 아니라 실천하는 부모의 모습을 보이면서 아이가 자연스레 무엇이 올바르고, 잘못된 것인지를 알게 해야 한다.

국내의 한 연구 결과를 보면 영재를 둔 부모의 양육태도는 일반 부모의 양육태도보다 더 자율적인 것으로 나왔다. 반면 일반아 부모의 양육태도는 거부적, 통제적 성향이 더 강한 것으로 나왔다. 이는 부모의 양육태도가 거부적, 통제적 성향이 강할수록 아이의 창의성이나 독립성 등이 줄어든다고 해석할 수 있다.

물론 아이와 나누는 대화의 형식이 항상 화기애애할 수는 없다. 때로는 부모가 아이에게 책망을 해야 할 상황도 생긴다. 이럴 때는 왜 이렇게 부모가 이야기를 하는지에 대한 근거를 명확하게 밝히면서 이해할 수 있도록 해야 한다. 뛰어난 재능을 가진 아이는 대부분 자아존중감과 독립성이 강하기 때문에 근거가 명확하게 이해되지 않으면 신뢰성의 문제가 발생할 수 있다. 단지 '어른이라는 이유로, 부모라는 이유로 내가 하고 싶은 걸 못하게 하는 거야'라고 생각한다. 화부터 먼저 내고 혼내는 것은 잠깐의 효과만 있을 뿐이다. 아이의 잘못에 대하여 단호하게 대해야 할 필요는 있다. 그러나 단호함이란 냉정한 얼굴을 하고 혼낸다는 것이 아니라 무엇이, 왜 잘못했는지를 납득시키면서 명확한 이유를 알려줘야 한다는 의미이다. 자, 게임에 푹 빠져있는 아이에게 무조건 하지 말라고 혼내고 컴퓨터를 못하게 하는 게 아니라 왜 오랫동안 해서는 안 되는지를 차분하게 말을 해주고 약속을 하는 것이다. 전자파의 유해나 바르지 못한 자세에서 오는 통증, 자신이 해야 할 일을 하지 않고 게임에만 빠졌을 때의 책임감 등을 알기 쉽게 '대화'하면서 아이가 납득하게끔 하는 것이다. 이처럼 하지 않고 강압적인 명령으로 통제를 한다면 바로 힘의 논리로 받아들일 수 있다.

칭찬도 마찬가지이다. 항상 잘했다라고 해주면 긍정적이고, 자신감을 심어줄 수 있겠지만 이것도 역시 근거를 명확하게 해주지 않는다면 칭찬 자체의 효과가 반감된다. 책망이 되었든 칭찬이 되었든 간에 그것의 효과가 기대한 만큼 나오게 하려면 근거를 명확히 하는 습관을 가져라. 이때 칭찬이나 책망에 대한 근거는 결과물에 대한 것이 아니라 그 과정에서 보였던 아이의 행동이나 태도에 초점을 두어야 할 것이다. 사실 꾸중보다는 칭찬이 우선되어야 한다. 칭찬을 많이 하면 아이가 우쭐해져서 버릇이 없어지지 않을까 걱정하는 부모들이 많지만 그건 무조건 오냐 오냐 하면서 기분을 맞춰주는 것에 불과했을 때에나 그렇다. 칭찬은 아이를 기분 좋게 만들 뿐만 아니라 몸과 마음 모두를 건강하게 만든다. 그것뿐만 아니다. 칭찬을 받고 자란 아이들은 꾸중을 들을 때도 피하고 두려워하는 것이 아니라 당당하게 받아들일 줄 안다. 평소에 긍정적인 마인드가 심어져 있기 때문에 가능한 일이다.

칭찬을 할 때는 작은 것에서부터 칭찬하는 습관을 가지면 좋다. 아이가 매일 한 시간씩 공부를 하는 게 목표라고 한다면 당장 한 시간을 채우는 게 중요한 것이 아니라 하루에 20분, 30분씩 서서히 시간을 늘려가면서 그것을 지켜나가는 게 중요한 것이다. 아이에게 그때마다 칭찬을 해준다면 아이는 그 칭찬에 고무되어 점차 자발적으로 공부하게 될 것이다.

　　아이의 행동에 대하여 부모가 즉흥적이고 감정적인 반응을 보이는 것은 재능이나 영재성을 키우는 데에 있어 가장 좋지 않은 양육의 모습이다. 영재성이나 재능은 그 특성을 살펴볼 때 부정적인 말보다 칭찬이 그 특성을 강화시키는 데 더욱 도움이 될 수밖에 없다. 그리고 이 또한 상호작용의 과정으로 이해하고 접근해야 한다. 또한 아이의 어떤 말이나 행동에 대하여 잘못이나 칭찬을 할 때 그 이유를 설명해주는 것은 아이에게 있어서 또 하나의 학습습관을 자연스럽게 익히게 하는 효과도 있다. 바로 아이의 논리적 사고, 원인과 결과에 대한 인식을 높이는 데 도움을 주면서 사고의 발달 과정에 유익한 도움을 준다.

높은 자존감이 노력하는 아이를 만든다

자신의 재능을 맘껏 꽃 피우는 아이들의 특성을 자세히 눈여겨보면 빨리 배운다는 것과 스스로 문제해결을 하려는 것, 어떤 문제에 대해서 끝까지 풀고자 한다는 것을 알 수 있다. 이런 특성은 또래의 친구들과는 달라서 자칫하면 고립된 생활을 할 수 있다. 그러다보면 자신만의 세계에 빠져 폐쇄적으로 바뀔 수 있다. 이런 폐쇄성은 장래에 사회생활을 할 때에도 비사회적, 또는 반사회적인 사람으로 될 수 있어서 많은 주의가 필요하다.

그리고 재능이 단번에 드러나서 알아볼 수 있으면 좋겠지만 부모의 과도한 욕심이나 기대로 인하여 아이의 재능이 미처 발견되기도 전에 무시되는 상황도 생길 수 있다. 이때 본인이 원하는 분야와 흥미를 무시하고 수동적으로 부모가 원하는 공부와 삶을 살아가는 아이는 자신 스스로에 대하여 지극히 부정적인 생각을 하기가 쉽다. 그래서 아이에게 또 하나 중요한 것은 바로 아이가 스스로 자신에 대한 존중감을 가지게 하는 것이다.

자아존중감은 한 개인이 자기 자신에 대해 알고 있고, 또 자신에 대하여 어떤 가치 판단을 하는 것이다. 내 성격은 어떻다가 아니라 자신에 대한 성찰을 바탕으로 스스로 가치를 부여하고 평가하는 것을 말한다. 자아존중감은 혼자서 그렇게 생각한다고 형성되는 게 아니다. 자신의 가치와 존중은 친구나 부모, 또는 교사 등 주변의 사람들과 교류를 하면서 서서히 알게 되고, 스스로를 평가하는 경우가 가장 많다.

이러한 자아존중감은 아이들의 재능 발달에 많은 영향을 끼친다. 영재아나 뛰어난 재능을 가진 아이들은 다소 엉뚱한 생각과 해결방법, 그리고 또래와의 이질적인 정서와 능력 때문에 자신이 다른 사람들과 다르다고 생각할 수 있다. 이런 생각으로 인해 자칫하면 자신이 잘못 되었거나 틀리다고 판단을 내릴 수도 있다. 주위에서 쉽게 이해하지 못하고 다른 아이로 취급하게 되면 자신의 재능에 대한 자긍심보다 왜 이럴까라는 의문을 가지게 된다. 그래서 자신의 뛰어난 재능을 오히려 핸디캡으로 생각하여 본인 스스로가 재능을 묻어버리는 상황도 생긴다.

따라서 남들과 다른 이유가 자신의 재능 때문임을 인정하고, 재능에 대한 자부심을 가지며, 실패를 두려워하지 않고 노력하는 아이로 키우려면 자아존중감이 꼭 필요하다. 그럼 자아존중감이 높은 아이와 낮은 아이의 차이점을 살펴보자.

자아존중감이 높은 아이

- 있는 그대로의 자신을 인정할 줄 안다.
- 불안해하거나 소외감을 느끼는 것이 아니라 집단에서의 생활에 잘 적응한다.
- 풀고자하는 과제에 대하여 집착력을 보이고, 이를 해결할 때의 성취감이 높다.
- 과제 해결에 실패하더라도 쉽게 좌절하는 것이 아니라 실패의 원인을 찾고 새롭게 도전한다.
- 다른 아이가 자신보다 뛰어난 재능을 보이면 이를 배우려고 하고 자신의 장점으로 흡수할 줄 안다.

- 잘못에 대하여 거짓말이나 변명하기보다 인정을 하고 책임을 지려고 한다.
- 자신을 존중하는 만큼 주위의 친구나 사람들을 존중할 줄 안다.

자아존중감이 낮은 아이

- 자기 자신에 대하여 가치가 없다고 생각한다.
- 자신의 가치가 낮다고 생각하기 때문에 과도한 자기방어를 한다.
- 대인관계에 있어 피해의식이 있고, 이로 인해 고립된 생활을 자초한다.
- 현실의 자아에 대한 가치 인식이 낮아서 비현실적인 세계, 즉 TV나 게임에 과도한 집중을 한다.
- 주위 친구나 사람들에 대하여 올바른 가치 부여를 하지 않고, 심지어 '적'으로 생각할 수 있다.

자아존중감은 인격 형성이나 학교와 사회생활에 있어서도 매우 중요하다. 자아존중감의 올바른 형성이 폐쇄성과 자만심이라는 잘못된 성향을 균형 있게 잡아줄 수 있는 역할도 수행한다. 이런 자아존중감은 타고난 성품이라기보다 주위 사람들에의해 형성되는 측면이 크다. 아이는 가족을 통해서 기본적인 대인관계나 인격형성이 이루어진다. 무엇이 올바르고, 어떤 것이잘못 되었는지를 판단하는 기준이나 가치관이 가정에서부터 시작되는 것이다. 가정에서의 교육은 그래서 중요하다. 그래서 자아존중감의 형성 자체가 바로 가정에서 시작된다고 부모들은생각해야 한다. 그럼 부모가 가정에서 아이에게 올바른 자아존중감을 심어주기 위해서 주의 깊게 알아야 할 몇 가지 원칙을살펴보자.

부부의 갈등이 아이의 대인관계를 망치게 한다

가장 사랑하는 부모가 서로 싸우는 모습을 자주 보는 아이에게 친구와의 우정을 이야기한다면 믿을 수 없는 이야기가 될뿐이다. 서로 다투는 부모 때문에 친구관계에서도 부정적인 생각을 하게 된 아이는 결국 대인관계를 망치게 되고, 나아가 자기 자신의 가치도 하찮게 여길 수 있다.

아이가 다소 엉뚱하다고 해서 혼부터 내서는 안 된다

그렇게 되면 아이는 주눅이 들고 이는 자신감의 상실로 이어진다. 아이의 행동에는 다 이유가 있다. 즉 아이의 입장에서는 합당한 이유가 있는 법이다. 먼저 원인부터 알려고 해라.

아이를 다른 사람과 비교하지 마라

비교 자체가 자신감의 상실로 이어진다. 특히 누구누구를 좀 닮아라는 식의 비교는 아이의 고유한 재능을 파괴할 수도 있다.

아이의 가치를 인정하는 말을 많이 하라

재능에 대한 칭찬뿐만 아니라 아이의 신체적 특징이나 행동, 정서 등에 대해서 많은 칭찬을 해주는 것이 좋다. 그럼 자연스럽게 자신이 소중한 존재임을 알게 된다.

부모의 사랑으로 보상하라

뭔가 물질적인 보상이나 선물로 칭찬하는 것은 그다지 효과가 지속되는 것이 아니라 오히려 자신의 행동에 대한 보상만을 기대할 수 있다. 상을 주더라도 부모의 기분에 따라 주는 게

아니라 일관성이 있어야 한다. 그리고 무엇을 사주더라도 사주
는 것으로 끝나면 안 된다. 장난감을 사주었다면 같이 가지고
놀면서 교감을 나누는 게 좋다. 이런 교감, 즉 상호작용을 통해
서 부모의 사랑을 느끼면 아이의 자아존중감 형성에 큰 자양분
이 된다.

아이의 프로세스 폴리오를 만들어라

아이가 엄마와 함께 스무고개와 같은 문답놀이를 하면서 뭔가 답을 맞추려고 골똘히 고민하는 모습을 보고 있으면 그렇게 사랑스러울 수가 없다. 엄마의 질문을 듣고 무엇인지는 알겠는데 그것을 어떻게 표현해야 좋을지 고개를 갸웃거리며 이것저것 궁리를 하는 모습을 보고 웃을 수밖에 없다. 그러나 이것은 단순히 아이와 사랑스럽게 놀이를 하는 정겨운 광경만은 아니다. 놀이는 분명히 재능을 판별하고 계발한다는 목적이 있어야 한다. 물론 여기서 중요한 것은 부모는 아이에게 이것이 공부다, 학습이다는 형식을 지나치게 표현해서는 안 된다는 것이다. 아이가 부담을 느끼게 되면 그때부터 놀이가 아니라 단지 엄마가 강요하는 지겨운 공부시간으로 인식할 수도 있기 때문이다.

　놀이는 놀이인데, 공부라고 해야 한다니 머리가 아플 수도 있다. 그러나 공부냐, 놀이냐고 묻는다면 분명 공부이다. 즉 어떤 재능을 계발하기 위하여 하는 공부방식 중에서 놀이라는 방법을 택한 것이다. 그렇다면 아이와 함께 하는 공부에서 부모는 당연히 평가와 분석을 해야 한다. 아이가 얼마나 잘 하는지를 평가한다는 테스트를 뜻하는 게 아니다. 아직 맞다, 틀리다를 구분하기 어려운 유아의 경우에는 더욱 테스트를 통해서 나온 수치로 판단해서는 안 된다. 아니 더 정확하게 말한다면 테스트 자체가 신뢰성이 없다는 것은 부모들도 잘 알고 있다. 그럼 어떻게 재능을 알아볼 수가 있을까? 결국 아이가 놀이를 할 때 세밀하게 지켜보는 수밖에 없다. 하나하나의 행동을 통해서 부모가 추론을 하는 것이다. 어떤 재능을 보이는지, 또 어떤 것이 부족한지를 말이다.

　'우리 아이는 사물을 설명할 때 사용하는 단어의 수가 유달리 많아요. 단순히 노랑나비가 아니라 개나리빛깔에 구름무늬가 있는 가벼운 나비라는 식의 표현을 쓰더군요, 얼마나 신기하던지... 근데 표현은 그렇게 유창하게 하면서 그림으로 옮기는 일은 그다지 흥미를 느끼지 못하는 거 같아요.' 라고 어떤 엄마가 말한다면, 쉽게 생각해서 언어 지능은 발달해있는데 미술과 같은 시각-공간 지능이 상대적으로 덜 발달되었음을 알 수 있다. 그런데 엄마가 이렇게 이야기할 수 있는 것은 평소에 아이의 행동을 보면서 자연스레 알게 된 것을 꼼꼼히 관찰하여 기록한 덕분이다.

육아일기를 쓰는 엄마가 늘고 있다. 요즘에는 일기장에 쓰는 것뿐만 아니라 개인 홈페이지나 블로그를 통해서 자신의 육아와 관련한 이야기를 쓰는 부모들이 늘어나고 있는데, 좋은 현상이다. 오늘 아이가 이런저런 행동을 했다, 어디가 아팠다, 공원에 갔다는 식으로 일상을 적는 육아일기는 추억거리를 보관하는 좋은 방법이다. 그런데 재능을 발견하고자 한다면 여기서 좀 더 일기의 형식을 추가하는 게 낫다. 일종의 체크리스트를 함께 만드는 것이다. 내일은 언어 지능과 관련한 놀이로 무엇을 하겠다는 계획과 놀이 이후에 아이가 어떻게 반응을 하고, 주목

해야 하거나 이해하기 어려웠던 행동을 메모하여 나중에 전문 기관이나 교사에게 질문을 해보는 것이다.

이런 육아일기는 단순히 아이에 대한 관찰일지로 끝나는 게 아니다. 당연히 부모 자신에 대하여 생각할 수 있는 기능도 한다. 무엇 무엇을 하게 한다는 계획표가 아니라 오늘 아이와의 대화나 행동에서 무리한 부모의 욕심이나 잘못된 모습을 보인 건 아닌지도 점검해보는 것이다. 아무리 올바른 육아와 관련한 원칙과 방법을 알고 있다고 하더라도 실제로 아이와 함께 지내다보면 부정적인 말이나 통제를 하기 위한 윽박지르기가 나올 수도 있다. 중요한 것은 이런 부모의 행동에 대해 '이번만큼은 어쩔 수 없었어.' 라고 넘어가는 것이 아니라 왜 그렇게 했을까? 원인이 무엇일까? 라고 차분하게 생각할 수 있는 시간을 가지는 것이다. 그게 바로 일기를 쓸 때 필요한 자세이다. 그날 일어난 일을 기록하는 기록지가 아니라 자신의 생각과 점검을 하는 게 일기라고 한다면 아이의 행동뿐만 아니라 부모 자신에 대한 성찰도 함께 하는 일기를 써보자.

이렇게 아이의 재능과 관련된 기록을 하다보면 하루하루

아이의 행동과 부모의 생각이 담겨있는 과정의 변화와 지능의 발달을 살펴볼 수 있다. 프로세스를 한 눈에 볼 수 있다는 것이다. 프로세스 폴리오는 추억을 기록하는 기록지로만 머물러서는 안 된다. 때문에 재능과 관련하여 주목할 만한 행동과 말을 적고, 또 초기의 행동이나 말이 엄마 아빠와의 대화나 놀이, 그리고 상호작용을 통해서 어떻게 바뀌어가는지 그 과정이 기록되면, 그게 바로 프로세스 폴리오이다. 행동이나 말의 기록뿐만 아니라 아이가 놀이를 하면서 만들었던 결과물들을 일정기간 보관한다거나 카메라로 찍어서 일기와 함께 보관하는 것이다. 이것은 포트폴리오이자 프로세스 폴리오가 된다. 예를 들어 시각-공간 지능 계발 놀이를 시작할 때 종이접기를 한다고 치자. 처음에 만든 것과 반복되어 시각-공간 지능이 발달되면서 만든 것은 차이가 있을 것이다. 지능 발달의 속도나 완성도 등을 비교하기 위해서는 초기에 만든 것과 나중에 만든 것을 비교해 보아야 한다.

내 아이 21세기
재능아 만들기
단계별 프로젝트

내 아이의 숨은 재능을 찾아라

길포드라는 학자의 주장에 따르면 인간의 능력은 180가지나 된다고 한다. 인간의 능력이 180가지나 되는데 이 모든 능력을 단지 지능지수가 높다고 해서 다 발휘할 수 있는 건 아니다. 아니 엄밀하게 말하면 지능지수에 의해서 문제 해결이나 공부 능력을 판단하는 것은 잘못된 편견이다. 사실 지능이라고 하면 쉽게 지능지수와 동일하게 생각하는데 그렇지 않다. 지능은 머리가 좋다, 나쁘다로 설명할 수 있는 게 아니다. 복합지능, 또는 다중지능을 소개한 가드너에 따르면 지능은 '문제를 해결하거나, 한 문화 혹은 여러 문화권에서 가치를 지니는 무언가를 만들어내는 인간의 능력' 이라고 한다. 가드너 역시 기존의 지능지수로만 아이의 재능을 판단하는 행위가 지극히 제한적이며, 또한 아이의 재능을 왜곡된 이해로 받아들일 수 있다는 지적을 하고 있다.

인간의 능력, 특히 지적인 능력을 측정하고자 하는 노력은 프랑스 심리학자인 알프레드 비네 등 많은 사람을 통해 이루어졌다. 그래서 탄생한 것이 바로 오늘날 잘 알려진 지능검사이다. 비네가 만든 지능검사는 학생들의 장래 학업과 관련된 것을 예측하는 수단으로 만들어졌기 때문에 수업에서 일어나는 인지적 과정에 초점이 맞추어졌다. 그래서 기억력, 주의집중력, 변별력 등을 측정하였다. 지능은 객관적으로 측정가능하고, 이를 수치로 나타낼 수 있다고 생각한 것이다. 그러나 이런 지능검사는 학교에서 누가 학업능력이 뛰어나고, 누가 부족한지를 가리는 도구에 불과하게 되었다. 더군다나 아이들 간에 일종의 서열을 만들어버리는 부작용도 컸으며, 대학입학시험을 비롯한 순위와 숫자로 알 수 있는 성적 위주로 아이의 재능이나 능력을 판단하는 획일적인 교육과정의 배경이 되어버렸다.

이런 문제점을 비판하고 등장한 이론 중에 하나가 바로 가드너의 다중지능이론이다. 그럼 가드너의 다중지능에 대해서 좀 더 알아보자. 그는 기존의 문화에서 지능을 너무나 편협하게 해석하고 있다고 판단하였다. 그래서 지능이란 단순히 지능지수로 표현되는 단일한 능력이 아니라 여러 가지의 능력으로 구성되어 있다고 본다. 이런 능력들은 어느 것이 우선순위로 중요하다거나 또는 후순위에 있는 것이 아니고 모두가 똑같이 중요성을 갖고 있다. 즉 가드너는 IQ로만 표현되는 지능이 보다 넓은 의미에서 잠재적 능력으로 새롭게 이해되어야 한다고 주장한다. 때문에 가드너의 다중지능이론은 그동안 전통적으로 생각해왔던 지능 위주의 영재판별이나 지능 자체의 개념에 대한 새로운 해석이었다. 과거의 지능검사는 단답형 검사지에 의해 측정이 가능하다고 여겼지만 가드너에 따르면 여러 가지 복합 지능이 상호보완적으로 연결되어 문제 해결을 하기 때문에 단답형 검사는 단편적인 기억력 테스트 정도밖에 되지 않는다고 본다. 그러면서 인간에게는 8가지의 다중지능이 있다고 했다. 이를 구체적으로 살펴보면 다음과 같다.

언어 지능

언어 지능은 말 그대로 언어를 효과적으로 사용할 수 있는 지능을 뜻한다. 단어나 언어의 다른 기능을 원활하게 사용하며, 문장 구성이나 어휘 사용에 있어 다양한 표현을 할 수 있는 능력이다. 특히 유아 때도 나름대로 자신만의 언어를 사용한다. 정확한 사전적 의미의 단어가 아니라도, 어떤 대상을 표현하는 단어와 의사 표시 등이 탁월하다. 문학가, 시인, 언론인, 평론가 등에게서 나타나는 재능이다.

논리 – 수학 지능

논리와 수학이라 해서 단순히 숫자를 사용하는 능력을 일컫는 게 아니라 과학적인 사고와 추론방식을 의미한다. 이 지능이 높은 사람은 추론 과정이 다른 사람보다 뛰어나고 체계적이며 논리적인 사고방식으로 문제를 해결한다. 숫자의 사용이나 패턴의 적용 또한 일반 아이들보다 뛰어난 능력을 보인다. 수학자, 과학자 등에게서 나타나는 재능이다.

시각 – 공간 지능

그림을 그리거나 또는 공간에 대한 인지를 얼마나 정확하게 하는 능력이다. 건축가나 미술가는 사물을 보는 시각적인 능력이 뛰어나고, 또 공간 분할이나 배치 등에 대해서 남다른 재능을 보인다. 3차원적인 공간 개념을 이해하는 데 있어 차이가 나고, 시각적인 표현 능력이 월등하다고 볼 수 있다. 건축가, 기술자, 조각가, 미술가 등에게서 나타나는 재능이다.

음악 지능

소리, 리듬, 진동과 같은 음과 관련하여 민감한 반응을 보이고, 언어이든 비언어이든 소리 자체에 대해서 예민한 것을 말한다. 음악에만 국한된 것이 아니라 일상생활에서 나는 소리를 듣고, 그 소리에 대한 의미를 이해할 수 있는 지능이다. 음악에 있어서도 어떤 음을 듣고서 그 음을 그대로 재현할 수 있을 정도의 수준이 된다면 음악 지능이 뛰어나다고 볼 수 있다. 이처럼 음악뿐만 아니라 소리 전체에 대한 지능이기 때문에 청각 – 진동 지능이라고 부르기도 한다. 다양한 음에 대하여 지각능력이 뛰어난 작곡가, 연주가, 성악가, 지휘자 등의 음악가에게서 주로 발견되는 재능이다.

신체 – 운동 지능

가드너는 사람마다 자신의 운동과 관련하여 반응을 보이는 탁월한 지능이 있다고 한다. 유명 운동 선수들은 신체 – 운동 지능에 강하고, 이러한 유명 운동 선수들의 지능은 선수가 되기 이전부터 이미 나타났다고 가드너는 주장한다. 유명 운동 선수들은 어떻게 몸을 움직여야 하고 반사적인 행동을 해야 할 지에 대해서 다른 사람보다 탁월하다. 그리고 이런 신체 – 운동 지능은 비단 스포츠뿐만 아니라 자신의 생각이나 느낌을 몸으로 표현하는 데 남다른 능력이 있다. 쉽게 생각해서 연극이나 마임을 잘하는 것을 연상하면 된다. 따라서 운동도 그렇지만 무용이나 연극, 목공 등에 적용되는 지능으로 볼 수 있다. 운동 선수, 무용가, 마술사, 곡예사 등에게서 나타나는 재능이다.

개인내적 지능

개인내적 지능은 자신에 대한 인지와 성찰을 바탕으로 적절한 행동을 하는 능력이다. 자기 자신이 누구인가라는 질문을 하면서 자기이해를 하기 때문에, 자아존중감이 잘 형성되어 자신을 소중히 여기고, 깊은 내면의 사고를 한다. 늘 자신의 말과 행동을 반성하고 되돌아보는 이런 사람은 사색가적인 기질이 강하다. 심리학자, 정신 · 심리 치료사, 카운슬러, 종교인, 철학자 등에게서 발견된다.

대인관계 지능

대인관계 지능은 다른 사람들의 의도, 기분, 감정 등을 잘 알고 구분할 수 있는 능력을 말한다. 상대방의 행동이나 말, 얼굴표정과 몸짓에서도 뭔가 의미를 정확히 읽어낼 수 있고, 이러한 것을 바탕으로 사람들과의 관계에서 발생되는 여러 가지 상황에 효율적으로 대처할 수 있는 능력이다. 대인관계 지능이 뛰어난 사람은 친구관계도 좋을뿐더러 리더십도 뛰어나 지도자적인 기질을 갖추고 있다. 정치가, 사회 운동가, 세일즈맨, 사상가 등에게서 발견되며, 사회적 지능으로도 불린다.

자연탐구 지능

자연탐구 지능은 기존의 다중지능 7개보다 나중에 등장한 것인데, 자신의 주변 자연환경에 대한 친밀감이나 관심, 그리고 이해하는 정도가 뛰어난 능력을 말한다. 어릴 때부터 자연과 관련하여 많은 관심과 흥미를 보인 경우가 많은데 환경운동가, 동물원 수의사, 그리고 원예사 등에게서 발견되는 재능을 의미한다.

가드너의 8가지 다중지능을 살펴보고, 대학의 전공과정이나 유명인들의 직업을 한 번 비교해보면 더욱 이해가 쉽다. 재치 있게 말을 잘하는 방송 MC의 경우에는 아무래도 언어 지능이 뛰어나며, 게스트를 잘 이끄는 능력은 대인관계 지능이 높은 것이다. 어린 나이에 수영에 있어 두각을 나타내는 선수는 신체 - 운동 지능이 뛰어나 그 재능을 계발시킨 경우다.

그러나 사람이 살아가면서 8개의 지능 중에 한두 가지로 해결할 수 없는 과제들은 너무나 많다. 8개의 지능 중에서 특별히 재능을 보이는 것을 강화하여 전문가로 키워나가는 것이 올바르지만 그렇다고 나머지 지능에 대해서 포기하라는 것은 결코 아니다. 다중지능을 살펴보면 그것은 선택의 문제 이전에 인간으로서 가지는 기본적인 지능임을 알 수 있다. 때문에 8개의 지능 중 특별히 두각을 나타내는 지능이 있다고 해서 그 부분만 강조하는 것은 올바른 재능교육이 아니다. 오히려 한 가지의 지능을 강화시키면 자연스럽게 다른 지능에도 긍정적인 영향을 미치게 된다는 사실을 염두에 두고, 나머지 지능과 관련해서 어느 정도 균형 있게 섭렵하거나 발달시키는 훈련도 병행하는 것이 오히려 더 나은 재능의 발달로 이어지는 효과가 있음을 명심해야 한다. 따라서 부모는 아이의 재능 발달에 있어 다중지능의 어떤 영역이 아이의 관심과 혹은 다른 아이와 다른 특성을 보이는지 관찰하는 것과 동시에 다른 지능의 발달에도 관심을 기울여야 한다. 이를테면 언어 지능이 뛰어나서 논리적인 대화를 잘한다고 볼 때, '논리성'이라는 연결고리를 통해 논리－수학 지능 발달에 긍정적인 효과를 보일 수 있다. 그렇다면 수학교육을 할 때 무턱대고 숫자나 공식을 들이대기보다는 언어 학습을 좋아하는 아이의 경향을 감안해서 숫자놀이를 하는 것이 좋다.

다차원 재능 계발 테스트

최근 들어 재능이나 영재성을 찾기 위한 방법이 지능지수 검사와 같은 한 가지 측정에서 다차원적인 측정으로 바뀌어가고 있다. 지능지수의 수치만을 갖고 아이에게 있는 재능의 전 영역을 판단하기 어렵기 때문이다. 아이가 다양한 재능 중에서 어떤 영역에서 두각을 나타내는지를 알기 위해서는 다양한 접근방식이 필요하다. 하나의 기준으로만 판단하는 데 생기는 오류와 또 아직 눈에 띄게 보이지 않는 숨겨진 재능을 놓치는 우를 범하지 않기 위하여 다음과 같은 3가지 과정을 거쳐서 영재성을 찾아보자.

아이의 주변에 있는 중요한 사람을 통해서 행동의 특성을 알아본다

아이의 주변에 있는 중요한 사람이란 부모와 선생님, 육아 도우미 등 가장 오랜 시간을 함께 하는 사람들이다. 따라서 아이 주변에 있는 중요 타인들과 함께 아이의 다중지능을 평가해 보는 것이다. 부모가 먼저 아이의 특성을 파악해야 하는 것은 당연한 일이지만, 아이를 항상 지켜보는 주위 사람들을 통해 다시 한 번 이를 점검하는 과정이라고 생각하면 된다.

단, 아이의 특성을 서술식으로 풀어쓰는 것이 아니라 체크리스트를 통해 점수를 매겨본다. 이는 아이 주변 사람들이 평소 아이에 대해 가지고 있는 선입견을 최소화하기 위한 것으로, 아이의 다중재능과 특징을 한눈에 파악할 수 있게 된다. 체크리스트에 답할 때 시간제한은 없다. 따라서 수시로 부모와 선생님 등이 함께 평가하여 이를 기준으로 아이의 재능을 발견하는 자료로 삼을 수도 있다. 체크하는 기준과 점수 매기는 방법은 다음과 같다.

'책 읽기를 좋아 한다.'를 예로 들면

'전혀 아니다.'는 책을 보면 굉장한 거부감과 함께 책을 찢어 버리거나 무작정 울어버리는 경우가 해당된다. 전문의사의 진찰을 받아야 할 정도로 심각한 경우에만 체크한다.

'그렇지 않다.'는 강한 거부감은 보이지 않으나 책 읽는 데 흥미가 전혀 없고 책 읽기를 권할 경우 거부감을 표현하거나 딴짓으로 회피하는 경우이다.

'그런 편이다.'는 스스로 책을 읽는 경우는 별로 없으나, 책 읽기를 권하거나 읽어줄 경우에 거부감 없이 순응하는 경우이다. 보통의 경우가 이에 속한다.

'그렇다.'는 책에 대해서 적극적인 관심을 보이며 책 읽기를 즐겨하는 경우이다. 굳이 책을 권하지 않아도 스스로 책을 읽거나 읽어주기를 바라는 경우이다.

'매우 그렇다.'는 많은 시간을 책과 함께 보낸다. 책 읽기와 책에 대한 욕심이 많아 새로운 책 구입에 대단히 만족하고 다른 일보다도 우선적으로 책을 가까이 하는 경우가 이에 속한다.

| 체크방법 |

행동 특성이 전혀 아닌 경우	1
그렇지 않은 경우	2
그저 그럴 경우	3
그럴 경우	4
매우 그럴 경우	5

| 행동특성 체크리스트 |

		1	2	3	4	5
1	책 읽기를 좋아한다.	1	2	3	4	5
2	숫자세기, 무게달기, 사물을 순서대로 배열하는 것에 흥미를 느낀다.	1	2	3	4	5
3	미완성된 그림을 보고 완성된 형태를 알아 맞춘다.	1	2	3	4	5
4	음악이 나오면 즐거워하고 멜로디, 리듬 등을 노래로, 또는 악기로 재현해낸다.	1	2	3	4	5
5	뛰고, 점프하고 움직이는 것에 관심을 나타낸다.	1	2	3	4	5
6	새로운 상황에 잘 적응한다.	1	2	3	4	5
7	자기를 믿는 마음이 있다.	1	2	3	4	5
8	동물을 이해하고 돌보는 것에 관심이 많다.	1	2	3	4	5
9	동화나 동시 짓기를 잘 한다.	1	2	3	4	5
10	구름이나 바위 같은 것을 보지 않고 머릿속에서 그려낼 수 있다.	1	2	3	4	5
11	연극이나 인형극 놀이를 즐긴다.	1	2	3	4	5
12	어휘 사용과 문장력이 뛰어나다.	1	2	3	4	5
13	산수와 관련된 활동을 할 때 장시간 집중한다.	1	2	3	4	5
14	자기 나이에 비해 기계 장난감, 드라이버, 자, 컴퍼스와 같은 도구를 다루는 솜씨가 뛰어나다.	1	2	3	4	5

15	음악적인 분위기나 성격에 민감하게 반응한다.	1	2	3	4	5
16	숲에서 식물, 곤충과 같은 것을 수집하기를 좋아한다.	1	2	3	4	5
17	움직임을 다양하게 표현한다.	1	2	3	4	5
18	친구들이 놀 때나 공부할 때 아이를 부른다.	1	2	3	4	5
19	자신의 행동이나 비합리적인 면을 잘 알고 있으며, 정서적으로 민감하다.	1	2	3	4	5
20	사전이나 백과사전을 즐겨 찾는다.	1	2	3	4	5
21	동화책을 볼 때 그림에 더 관심이 많다.	1	2	3	4	5
22	친구들 간에 의견 충돌이 있을 때 중재하는 역할을 한다.	1	2	3	4	5
23	여러 가지 문자, 단어를 잘 기억한다.	1	2	3	4	5
24	식물을 기르는 일을 잘 한다.	1	2	3	4	5
25	수학적인 관계(수, 집단)를 이해한다.	1	2	3	4	5
26	도형에 대한 이해가 빠르며 도형 문제를 좋아한다.	1	2	3	4	5
27	짧은 리듬의 형태는 쉽게 반복한다.	1	2	3	4	5
28	신체를 움직이는 데 기민하다.	1	2	3	4	5
29	다른 아이들이나 어른들과 쉽게 친해진다.	1	2	3	4	5
30	권위적인 발언에 대해서 심사숙고한 뒤에 받아들일 것은 받아들이고 버릴 것은 버린다.	1	2	3	4	5
31	다른 사람이 말을 할 때 잘 듣는다.	1	2	3	4	5
32	여러 종류의 식물에 대해서 쉽게 배운다.	1	2	3	4	5
33	좋아하는 노래를 녹음해놓고 듣기를 즐긴다.	1	2	3	4	5
34	또래들 사이에서 지도자 역할을 한다.	1	2	3	4	5
35	이름, 잡지 단어 등의 인쇄물에 많은 흥미를 느낀다.	1	2	3	4	5
36	산수 개념을 다른 활동에 응용한다.	1	2	3	4	5
37	길눈이 밝고 방향 감각이 뛰어나다.	1	2	3	4	5
38	음정을 정확하게 맞추어 노래한다.	1	2	3	4	5
39	기본적인 운동기술(걷고, 뛰고,)이 발달되었다.	1	2	3	4	5
40	곤충채집이나 캠핑을 좋아한다.	1	2	3	4	5

41	다른 아이들과 잘 어울린다.	1	2	3	4	5
42	자립심이 강하다.	1	2	3	4	5
43	숫자 세기를 즐긴다.	1	2	3	4	5
44	혼자서 노래를 만들어 부르기를 즐긴다.	1	2	3	4	5
45	다른 사람의 감정을 잘 파악하고, 다른 사람의 느낌을 쉽게 공감한다.	1	2	3	4	5
46	자기 생각을 잘 표현한다.	1	2	3	4	5
47	한번 풀기 시작한 문제는 끝까지 풀려고 노력한다.	1	2	3	4	5
48	자연이나 동물에 대한 그림을 그리고, 이야기하거나 글을 쓴다.	1	2	3	4	5
49	그림을 그릴 때 아주 세밀하게 그린다.	1	2	3	4	5
50	짧은 두 개의 리듬 형태가 유사한지 상이한지 구별한다.	1	2	3	4	5
51	과거에 학습한 운동기술을 새로 학습한 운동기술과 잘 복합시킨다.(예를 들면 점프하는 것을 뛰는 것과 복합한다.)	1	2	3	4	5
52	부모의 이야기나 타인의 의사를 수용하는 편이다.	1	2	3	4	5
53	혼자서 하는 놀이나 취미가 많다.	1	2	3	4	5
54	블록이나 장난감을 가지고 놀 때도 원인, 결과를 놓고 실험하기를 즐긴다.	1	2	3	4	5
55	악기 연주하는 것을 즐긴다.	1	2	3	4	5
56	자연과 시간을 보내는 것이 중요하다고 생각한다.	1	2	3	4	5
57	주위에 일어나는 일에 대해서 많이 생각한다.	1	2	3	4	5
58	말을 할 때 다양한 단어를 사용한다.	1	2	3	4	5
59	수와 관련지어 생각하기를 좋아한다.	1	2	3	4	5
60	퍼즐이나 기계 장난감 등을 분리하고 다시 끼워 맞추기를 좋아한다.	1	2	3	4	5
61	노래와 음조를 바꾼 후에도 일관성 있게 잘 부른다.	1	2	3	4	5
62	걷기를 일찍 시작했다.	1	2	3	4	5
63	교사와 급우들에게 협조적이다. 말다툼을 피하려 하며 일반적으로 쉽게 어울린다.	1	2	3	4	5

64	애완동물을 훈련시키는 것에 흥미를 느낀다.	1	2	3	4	5
65	혼자 있기를 원할 때 찾는 장소가 따로 있다.	1	2	3	4	5
66	패턴이나 규칙을 찾아내려고 애쓴다.	1	2	3	4	5
67	무용, 발레, 기계체조와 같은 신체적 활동을 즐긴다.	1	2	3	4	5
68	종교나 심미적인 것에 관심이 많다.	1	2	3	4	5
69	재미있는 표현을 할 때가 있다.	1	2	3	4	5
70	수리적 개념을 쉽게 이해한다.	1	2	3	4	5
71	만들기나 그리기가 독특하고 개성이 뚜렷하다.	1	2	3	4	5
72	수의사가 되고 싶다고 말한 적이 있다.	1	2	3	4	5
73	장난감이나 가구, 부엌용품으로 리듬 있게 소리내기를 즐긴다.	1	2	3	4	5
74	활동적이다.	1	2	3	4	5
75	다른 사람과 함께 있는 것을 즐긴다.	1	2	3	4	5
76	'커서 무엇이 될까?' 하는 생각을 많이 한다.	1	2	3	4	5
77	꿈 이야기를 자주 하며 꿈을 선명하게 기억한다.	1	2	3	4	5
78	야외에 나가는 것을 좋아한다.	1	2	3	4	5
79	자신의 장점이나 단점을 정확히 파악하고 있다.	1	2	3	4	5
80	동물에 대해 이야기하는 것을 좋아한다.	1	2	3	4	5

| 평가 방법 |

평가하는 방법은 다음의 각 지능에 해당하는 문항에 체크된 점수를 모두 더하고, 그 합을 10으로 나누어, 평균점수를 구한다. 평균점수가 3에 해당하면 그 능력이 평균 정도에 있다는 것을 나타내고, 1~2에 있으면 그 능력이 부족하다는 것을 나타

내며, 4~5에 있으면 능력이 우수함을 나타낸다고 판단할 수 있
다. 물론 이 체크리스트는 한 아이의 능력에 대한 방향성만을
나타내므로 좀 더 자세하고 구체적인 능력에 대한 정보는 완전
한 검사를 실시할 필요가 있다.

영역	문항	평균점수
언어 지능	1,9,12,23,31,35,46,58,69 77	
논리－수학 지능	2,13,20,25,36,43,47,54,59,70	
시각－공간 지능	3,10,14,21,26,37,49,60,66,71	
음악 지능	4,15,27,33,38,44,50,55,61,73	
신체－운동 지능	5,11,17,28,39,51,62,67,74,78	
대인관계 지능	6,18,22,29,34,41,45,52,63,75	
개인내적 지능	7,19,30,42,53,57,65,68,76,79	
자연탐구 지능	8, 16, 24, 32, 40, 48, 56, 64, 80	

영역별 프로파일을 만들자

　위에서 구한 각 지능의 평균점수를 한눈에 알아볼 수 있도
록 정리해보자. 아래 나오는 표에 실제 나온 평균점수를 적으면
된다. 이는 아이의 재능과 부족한 부분을 체크할 수 있는 프로
파일이 된다.

영역	1	2	3	4	5
언어					
논리-수학					
시각-공간					
음악					
신체-운동					
대인관계					
개인내적					
자연탐구					

2 과제를 해결하는 과정에서 재능을 알아본다

유치원부터 초등학생까지는 실제로 과제를 해결하는 과정이나 수업상황에서 나타나는 행동을 살펴보아야 한다. 아이가 어떤 과제를 풀어가는 과정에서 나타나는 행동과 학습 수준을 파악하는 것이다.

이 단계는 아이가 과제를 해결하는 과정에서 자신이 풀어나가야 할 실마리를 어떻게 구하느냐를 볼 수 있는 단계이다. 해답을 구하는 과정은 저마다 다르다. 똑같은 과제를 주더라도 그것을 풀어가는 과정이 조금씩 다르기 때문에 아이들의 개별적인 특성이 반영되는 것을 알 수 있다. 이렇게 과정에 대한 수행평가를 통하여 재능을 검증하는 것이다.

특히 아이가 과제를 해결하는 과정에서 집중력을 얼마나 보이는가도 중요한 탐색대상이 된다. 초등학교 저학년이나 유아의 경우에는 자기 자신에 대한 나름대로의 이미지와 공부나 학습과 관련한 습관을 형성하는 중요한 시기이기 때문에 재능의 특성을 알아보는 것 외에도 집중력을 높여주는 것이 필요하다.

공부나 숙제를 하기 전에 얼마나 시간이 걸릴 것인가를 미리 생각하게 하고, 어떤 것부터 어떻게 해야 할지를 스스로 계획을 짜고 점검하게 하면서 수시로 질문을 한다. '어떻게 하는 것이 좋을까?' 등 아이가 생각하게끔 하는 질문을 던지고 이에 대한 반응과 행동을 관찰하는 것이다.

또한 아이가 산만하게 이것저것을 하는지, 아니면 한 번에 한 가지씩 하는지를 유심히 살펴보자. 무엇을 하는 것이 중요한 게 아니라 산만하냐, 아니냐를 체크하는 것이 포인트다. 밥을 먹으면서 텔레비전을 보는 등 한 번에 여러 가지를 하면 집중력이 떨어지는 아이다. 이런 아이에겐 한번에 한 가지를 하는 습관을 갖게 하면서 집중력을 높일 수 있다.

감정이나 정서적 특성으로 재능을 알아본다

　과정 3은 단순한 지능만으로 아이의 재능을 구분하는 한계를 극복하고, 가능한 다양하게 확인할 수 있는 정보를 통해서 재능을 찾자는 것이다. 공부나 학습을 할 때의 모습만이 아니라 평소의 생활과 행동에서 아이가 어떤 반응과 정서적인 감수성을 보이는지를 면밀히 관찰한다. 사실 아인슈타인의 경우에도 어렸을 때 말을 제대로 하지 못했고, 에디슨의 경우에는 엉뚱한 행동과 관련한 일화가 많다. 일반적인 관점에서 아이를 판단하는 것보다 성취성, 책임성, 지도성, 사회성, 정서 등 다각도로 아이를 살펴보면서 재능의 여부를 판단해야 한다.

　누구나 화가 날 때는 그 감정을 참지 못하고 공격적으로 표현하는 경우가 많다. 특히 아이들은 아직까지 감정 조절이 어렵다. 그런데 이럴 때 아이가 어떤 행동과 반응을 보이는지도 잘 살펴보자. 아이의 의사표시를 관찰하는 것은 개인내적 지능과 많은 관련을 갖고 있다. 그리고 아이에게 자신의 생각이나 느낌을 말로 표현하게 했을 때 어떻게 하는가를 본다. 무조건 떼를 쓰면서 말을 하는지, 아니면 최대한 자기가 알고 있는 어휘나 문장을 동원해서 나름대로 논리적인 의사표시를 하는지를 보는 것이다. 적절한 표현이나 사물에 대한 느낌과 묘사를 통해 영재성이나 재능을 파악한다. 때론 엉뚱한 표현이라 할지라도 그 엉뚱함 자체가 창의적인가를 생각하는 것도 중요하다.

앞서 계속 이야기한 것처럼 아이의 재능을 관찰하는 동안 부모는 당연히 관찰의 결과를 남겨야 한다. 영재성의 3가지 특징인 조숙성과 자생성, 그리고 과제집착력을 기준으로 해서 아이의 행동을 지켜보면 특정한 패턴이나 눈에 띄는 특성이 보일 것이다. 특히 다중지능 중에서 특정 재능이 강하게 나타나는 아이의 경우에는 다섯 살이 되기 전에 대부분의 부모가 알아차릴 수 있을 정도로 그 특성이 도드라지게 나타날 수 있다.

다음은 엘렌 위너라는 학자가 매우 높은 IQ를 지닌 아이의 관찰 결과를 정리한 것이다. 이 관찰 결과를 보면 일상생활과 학습과정, 수업, 대인관계, 정서나 감정 측면 등에서 보이는 특징으로 나누어 정리했음을 알 수 있다. 이를 참고로 과정 2와 과정 3에서 이야기됐던 우리 아이의 구체적인 특징을 정리해보자.

일상생활에서의 모습

- 주의 집중이 강하다
- 새로운 것을 찾는다
- 또래에 비해 신체발달이 빠르다
- 다양한 어휘를 구사를 하려고 한다
- 반응의 정도가 예민하다

학습이나 놀이를 할 때의 모습

- 스스로 공부하고자 한다
- 높은 호기심을 보인다
- 열정이 높다
- 다양한 문제해결 방법을 동원한다
- 특정 분야에 전문가적 기질을 보인다

수업할 때의 모습

- 책이 눈에 보이는 대로 읽는다
- 숫자나 숫자와 관련된 부분에 관심이 높다
- 특히 언어와 숫자와 관련된 기억력이 높다
- 단답형의 대답보다 나름대로 논리와 추론을 통해 생각한다
- 쓰기를 싫어한다.

친구나 주변 사람과 어울릴 때의 모습

- 혼자 지내는 경우가 많다
- 자신보다 연장자와 지내는 것을 좋아한다
- 부모나 선생님 앞에서도 자신의 의견을 분명히 말한다
- 주위 환경의 변화에 민감하다

정서나 감정

- 철학이나 도덕적인 관심이 높다
- 어휘 구사가 다양해서 재미있는 말과 행동을 한다
- 새로운 것을 보면 흥미를 갖는다

이렇게 각 과정별로 객관적인 수치와 더불어 아이와 관련된 정보를 정리하여 전문가나 영재판별, 교육기관 등을 방문하여 상담을 하는 게 좋다. 누누이 강조하는 이야기지만 IQ 하나로만 내 아이의 재능을 판단할 수 없다. EQ라든가 다양한 평가의 관점을 이해해야 한다. 일회성 테스트와 같은 일시적이거나 또는 단기간에 아이를 관찰, 또는 측정을 하면 올바른 결과를 알 수 없다. 아이는 절제된 행동이나 감정을 계속 유지힐 수 없다. 그래서 지속적인 관찰이 필요하다. 여기서 제시된 각각의 과정은 측정과 관찰, 그리고 다양한 행동과 습관을 통해서 다차원으로 아이의 재능을 발견하고 키워나가는 것을 이야기한다. 중요한 것은 각 과정에서 관찰해야 하는 아이의 행동과 재능에 대해서 부모의 간섭이나 의도적인 유도는 배제해야 한다는 것이다.

놀이로 숨은 재능을 키워주자

가드너의 8가지 지능을 살펴보면 인간은 다양한 지능을 갖고 있음을 알 수 있다. 그리고 아무리 어린아이라 할지라도 이런 지능을 통해서 하나의 인격체로 완성된다. 그뿐만 아니라 다중지능에 대한 내용을 부모가 먼저 알고, 아이의 행동이나 놀이 등을 보고 있으면 자신의 아이가 어떤 지능에 특별히 재능을 보이는지도 가늠해볼 수 있다.

다중지능과 관련한 아이의 재능 계발은 어떻게 하는 것일까? 아이의 행동을 하루 종일 유심히 쳐다볼 수는 없는 노릇이다. 그리고 순식간에 일어나는 행동을 두고 뭔가를 판단하는 것도 쉽지 않다. 집에서 아이와 함께 있으면서 엄마나 아빠가 아이의 행동을 살펴보고, 또 8가지의 지능을 계발시키기 위한 가장 좋은 방법은 바로 놀이를 통한 지능계발이다. 아이에게 교재나 가르치고 배우는 교육의 형식을 무리하게 적용하는 게 아니고 각각의 지능에 맞는 놀이를 하면서 영재성을 관찰, 계발하는 것이 좋다. 그럼 각각의 8가지 다중지능에 맞는 놀이가 무엇이 있는지 알아보자.

언어 지능 계발 놀이법

언어 지능을 계발하는 것은 어휘구사 능력을 높이는 것과 문장의 완성도를 높이는 것이 목적이다. 간단하게 할 수 있는 놀이는 끝말잇기 놀이다. 아이가 알고 있는 단어를 총동원해서 이기기 위한 단어를 내세울 때 어휘는 늘기 마련이다. 그리고 어휘 구사 능력과 더불어 문장의 완성도를 높이기 위해서 단답형 대답이 아닌 문답 놀이를 한다. 예를 들어 '시장에 가면 무엇을 할 거니?' 라는 질문을 하면 처음엔 '장난감 살 거야!' 라고 짧게 대답하겠지만 엄마가 계속 연관된 질문을 하는 것이다. 그럼 아이는 연관된 주제를 갖고 좀 더 다양한 상황과 자신의 행동을 설명하려고 노력하게 된다.

❶ **언어 자료** 책, 글쓰기 재료, 워드 프로세서, 사전, 유의어 사전, 십자말 퍼즐, 카세트 녹음기, 외국어 도서와 테입, 신문, 희곡, 단어 게임

❷ **언어 자료 활용법**

• 읽기 자료 속에 있는 산, 바다 등 자연 환경 그림을 찾아서, 그 그림에 나타난 경치, 냄새, 소리, 맛, 감촉 등을 말로 설명해본다.

• 사전, 유의어 사전을 이용하여 예를 들어 '~다운' 이라는 말을 많이 10개 이상 찾아본다. 여러 명이 있을 때는 단어게임으로 이용하여 많은 단어를 만들어내는 사람에게 상을 줌으로써 동기를 유발시킬 수도 있다.

• 시 암송, 주어진 범주에 속하는 단어를 가능한 한 많이 떠올리기 등을 통하여 다양한 어휘력 및 기억력을 함께 향상시킬 수 있다.

• 한 주제에 대해 연상되는 단어를 떠올려보고 이를 이용하여 단어퍼즐을 직접 만들어본다.

- 단어의 유래와 뜻을 설명하고 아이가 그 뜻을 맞추는 놀이를 한다.
- 어떤 사물이나 단어를 카드로 만들어 설명하게 하는 놀이를 한다.

논리 – 수학 지능 계발 놀이법

가끔 어린이집이나 유치원에서 아이들을 데리고 대형 할인 마트나 시장에 데리고 가서 물건을 사게 하는 것을 본 적이 있다. 이는 '견학'이 아니라 수학적 지능과 논리적 지능을 키우는 놀이식 교육이다. 집에서도 충분히 할 수 있는데 일정 금액을 주고 아이에게 이 돈의 범위 내에서 무엇을 사고, 왜 사는지에 대해서 물어보자. 그럼 아이는 혼자서 고민을 하면서 받은 돈의 액수에 맞추어 물건을 사려고 계획을 세우게 된다. 그리고 문답 놀이를 통해서 아이의 논리적 추론을 키워주는 것도 좋다. 처음에는 '이게 뭐야?' 라고 묻고, 또 무엇이다라고 대답하는 것에서 시작하지만 점점 '왜?' 라는 질문과 '어떻게' 라는 생각을 하면서 단순히 사물의 인식이 아니라 추론하는 습관을 가지게 한다.

❶ 논리/수학 자료 모눈종이, 컴퓨터, 제도 용구, 실험도구, 계산기, 논리문제, 숫자 퍼즐

❷ 논리/수학 자료 활용법

• 가족의 키와 몸무게, 머리둘레, 허리둘레 등 신체 치수를 이용해서 큰 순서에서 작은 순서대로 배열하고 비교해본다.

• 공부방 물건, 화장실 물건, 부엌 물건 등을 섞어둔 후, 어울리는 것끼리 분류하고 배열해보고, 기록한 결과를 토론한다.

• 신문이나 잡지의 기사를 읽고 원인과 결과 찾기를 해본다.

• 장난감이나 기계의 작동 원리를 함께 알아본다.

• 동화를 읽을 때 다음에는 어떻게 이야기가 전개될지에 관해 미리 아이와 대화를 나눈다.

• 스무고개 문답놀이를 하면서 뭔가 생각할 수 있도록 한다.

시각-공간 지능 계발 놀이법

색종이로 입체적인 도형을 만드는 놀이가 있다. 간단한 모형이라도 아이가 그것을 만들기 위해서 색종이의 제한된 크기

에서 '공간적' 사고를 하게 된다. 이를 통해서 자연스레 공간에 대한 인식과 사고를 한다. 그리고 주위에서 쉽게 구할 수 있는 그림 맞추기 퍼즐도 좋은 도구가 된다.

❶ **시각/공간 자료** 미술 재료, 미술품, 지도, 나침반, 비디오, 그래픽, 필사본, 조각 재료, 청사진, 모델, 그림 맞추기 퍼즐, 착시 장난감, 레고, 만화책, 만화 그리기에 관한 책

❷ **시각/공간 자료 활용법**

- 색종이를 여러 번 접고 가위로 다양한 모양으로 자른 후 펼친 모양을 알아맞힌다.
- 그림을 보고 찰흙으로 바다 생물을 만들어본다.
- 잡지나 책을 조각으로 찢어 그림 퍼즐로 완성해본다.
- 자신의 생각을 그림으로 표현하게 한다.

음악 지능 계발 놀이법

간단한 유아용 악기나 물컵 등을 이용해서 놀이를 한다. 이때 가급적 서로 다른 음이 나는 것을 갖다 놓고 아이가 음을 익히도록 한다. 예를 들어 물컵의 경우에는 아이가 두드리면서 음

을 조율할 수 있게끔 해서 음계나 높낮이를 익히게 한다. 그리고 유아나 아동용 피아노 건반 장난감 등으로 노래를 연주하면서 알아맞히게 하는 놀이를 아이와 부모가 서로 퀴즈 맞추듯이 해보는 것도 좋다. 이런 과정을 통해서 아이는 아주 자연스럽게 음악 지능을 높일 수가 있다.

❶ **음악/율동 자료** 테입, 씨디, 타악기^{퍼커션}, 건반악기, 헤드폰, 메트로놈, 청진기, 워키토키, 옛 라디오 방송극, 음향 효과 테입, 녹음기, 가라오케, 악보, 작곡에 대한 참고 도서, 노래이름대기 등의 게임

❷ **음악/율동 자료 활용법**

- 파도 소리와 고래의 소리를 들어보고 소리의 변화를 그림으로 표현하도록 한다.
- 물을 담은 유리잔들을 이용해 노래를 작곡해보도록 한다.
- 조개껍질을 귀에 대고 소리를 들어보고, 악기를 이용해 바다와 고래를 소리로 표현해보도록 한다.
- 콧노래로 다른 사람이 노래를 부르면 노래 제목을 맞추

는 게임을 한다.

- 요리 기구를 이용하여 리듬에 맞춰 노래를 불러본다.
- 음악과 동작이 어우러져 할 수 있는 운동을 하게 한다.
- 자신의 생각이나 감정을 마치 뮤지컬을 하는 것처럼 표현하게 하거나 노래로 불러보도록 한다.

신체-운동 지능 계발 놀이법

'쎄쎄쎄'와 같은 놀이는 그냥 생긴 것이 아니다. 아이가 부모와 함께 노래를 부르면서 하는 동작을 통해 신체와 운동의 감각을 키워나갈 수 있다. 그리고 동화책이나 여러 가지 사물이 그려져 있는 그림책을 두고 아이와 부모가 몸짓으로 설명하게 한 후에 그것을 알아맞히는 놀이도 효과가 있다. 아이는 당연히 무엇을 설명하기 위하여 집중을 하게 되고, 또 설명하기 위하여 좀 더 구체적인 표현에 대해서 노력하게 된다. 이는 의사전달의 효과도 높일 뿐만 아니라 몸짓을 통한 신체적 감각을 키우는 데 많은 도움이 된다.

❶ 신체/운동 자료 운동 기구, 춤이나 에어로빅 비디오, 바

톤, 나무 조각 도구, 공예품 재료, 타자기, 찰흙, 미로, 꼭두각시 인형, 수화에 관한 책, 미술 도구, 제스처 게임 등의 게임

❷ 신체/운동 자료 활용법

- 바닷가에서 걷기와 달리기, 빠르게 수영하기와 천천히 수영하기를 해보면서, 여러 가지 움직임의 속도 변화를 실험해보도록 한다.
- 손을 이용해서 그림자로 다양한 동물을 만들어보게 한다.
- 책의 한 장면을 친구들과 재현하도록 한다.
- 자신의 생각이나 느낌을 몸을 이용해서 표현하도록 한다.
- 구분 동작이 필요한 율동이나 체조를 시키면서 정확도를 점검한다.
- 스트레칭이나 요가 동작을 응용하여 간단하게 집에서 해본다.
- 조금씩 난이도를 높여서 약간 복잡한 동작을 요구하는 운동을 하게 한다.

일기는 왜 쓰는 것일까? 부모의 관점이나 기억을 보면 그저 하루 일과를 적는다거나 뭔가 자신의 생각이나 감상을 적는 것으로 생각할 수 있다. 그러나 일기는 나이를 불문하고 자신에 대한 성찰이자 과거와 현재, 그리고 미래에 대한 계획과 점검을 하는 행위이다. 숙제로써의 일기가 아니라 일상적인 계획을 수립하고, 또 이에 대한 스스로의 평가를 하는 것으로 유도하는 것이 좋다.

❶ **개인내적 자료** 글쓰기, 명상 시간, 심리학적 교재, 성격 조사 목록, 책, 혼자 공부하기, 목표 세우기, 일기, 자기 테스트, 명상음악

❷ **개인내적 자료 활용법**

- 자기에 관한 세 가지를 이야기 해보거나 자기를 슬프게 하는 일, 혹은 자기를 기쁘게 하는 일 세 가지를 이야기 해본다.
- 미래에 대한 계획을 세우고 스스로 점검하도록 한다.

대인관계 지능의 시작은 부모와의 관계가 되겠지만 사실 친구와의 관계에서 가장 많이 지능이 발휘된다. 주변에 같이 노는 친구들에 대하여 어떻게 생각하는지, 그리고 그 친구가 무엇을 좋아하는지를 이야기하고 있으면 아이는 자신의 입장과 상황 못지않게 친구에 대한 관심과 알고자 하는 궁금함이 생긴다. 이런 것이 나중에 대인관계에 있어서 일방적인 자기주장의 전달이 아니라 상대방을 알고자 하는 자세로 발전하게 된다.

❶ 대인관계 자료 리더십 매뉴얼, 역할 연극, 소꿉장난을 위한 미니어처 부엌 모형, 편지 쓰기 재료, 역할 게임

❷ 대인관계 자료 활용법

• 시장놀이, 은행놀이, 병원놀이 등을 통해 각각의 역할을 이해해본다.

• 서로의 발목을 붙잡고 걸어본다.

• 전체 무리에서 절반은 받침이 되어서 인간 피라미드를 만들어본다.

• 새로 사귄 친구에 대해 물어본다. 아이는 자신과 관련된

부분만 이야기하겠지만, 부모는 그 친구의 좋은 점이나 좋아하는 것을 질문해서 아이가 친구 자체에 더 많은 관심을 갖도록 유도한다.

자연탐구 지능 계발 놀이법

제일 간단하면서도 좋은 방법은 집 주변 산책이다. 아파트 내의 공원이나 놀이터, 집 주변의 골목 등을 함께 다니면서 주변의 사물이나 꽃, 벌레, 나무 등에 대해서 친근감을 느끼게 한다. 그리고 아이가 본 것에 대하여 나중에 아이에게 무엇을 보았는지, 그리고 그것에 대한 묘사나 설명을 할 수 있도록 질문을 하는 습관을 부모가 가지면 좋다. 그럼 아이가 그 질문에 대해서 답을 하기 위하여 좀 더 세밀하게 관찰하는 습관을 가질 수 있다.

❶ **자연탐구 자료** 현미경, 돋보기, 망원경, 쌍안경, 카메라, 화판, 수집물을 넣은 단지와 병, 표본채집 매뉴얼, 동식물 분류 검색표, 식물, 정원손질, 천문학, 조경에 관한 책, 자연의 소리를 담은 테이프, 야외 생활에 대한 잡지,

개미농장, 화석

❷ 자연탐구 자료 활용법

- 감촉, 색깔, 크기, 냄새, 소리 등의 여러 기준으로 조개껍질을 분류해본다.

- 현재 살아 있는 동물 중 예전에 멸종된 동물과 가장 비슷한 동물을 조사해본다. 예를 들어 쿼거^{19세기에 멸종된 얼룩말의 일종}와 가장 비슷한 동물을 조사해본다.

- 바닷가에 나와 있는 것처럼 행동을 한다. 엄마는 미리 컵 속에 설탕, 소금, 미음, 밀가루 등을 넣어 아이에게 컵들 속의 물을 맛보고 바닷물 맛과 가장 비슷하리라고 여겨지는 것을 골라내게 한다.

- 마음에 드는 조개껍질들을 고른 다음, 관찰해서 서로 비슷한 점과 다른 점을 기록한다.

- 인터넷이나 신문 등에서 스크랩한 동식물의 이미지를 보여주면서 분류를 시켜보자. 이때 아이가 스스로 만든 기준에 의해 분류하도록 놔두고 지켜본다.

이처럼 다중지능 놀이를 통해서 아이는 8가지의 지능을 좀 더 계발할 수 있다. 교구나 전집류와 같은 교재의 활용도 좋지만 우선 간단하게라도 부모와 놀이식으로 하다보면 아이와의 상호작용과 커뮤니케이션이 원활해지는 효과도 같이 얻는 장점이 있다. 그리고 교재를 통해서 하다보면 아무래도 진도를 따지게 되어, 잘했다, 못했다는 식의 평가 위주로 갈 수도 있다. 놀이를 활용하면 부모 역시 어느 정도 여유로운 자세로 아이의 행동과 말을 관찰하게 된다. 그러다보면 다중지능 중에서 어떤 지능이 특별히 발달되었는지도 알 수 있게 되고, 이를 통해 어떤 재능이 좀 더 두드러지게 나타나는지를 확인할 수 있고, 놀이와 학습이라는 두 마리 토끼를 한꺼번에 잡는 효과를 볼 수 있다.

우수한 재능을 통해
부족한 능력을 키우자

    지금까지 우리는 아이의 재능을 파악하고, 이를 강화시킬 수 있는 방법에 관해 알아보았다. 사람의 능력은 다양한 특성으로 분화될 수 있으므로 한 아이도 여러 가지 능력을 동시에 가지고 있다. 그러나 그 능력 모두가 우수한 것이 아니라 그 중 어떠한 능력은 다른 능력에 비해 월등하고 또 다른 능력은 비교적 열등하다. 따라서 한 아이가 사회에서 우수하고 능력 있는 사람으로 성장하기 위해서는 그 아이가 가지고 있는 능력 중 우수한 재능을 발견하여 계발하고 성장시킬 필요가 있다.

    그러나 한 가지 의문이 남는다. 이 경우 그 능력을 제외한 다른 능력은 뒤떨어지고 발전되지 않은 상태로 평생 가지고 가야 하는가? 여기서 꼭 알아야 할 것은 우수한 능력을 계발하면 부족한 능력도 수준 이상으로 발전할 수 있다는 것이다. 즉 우수한 능력의 계발을 통하여 열등한 능력을 키울 수가 있다. 한 예로 가드너의 이론에서는 아이의 논리-수학 지능의 특성이 다른 누구와 비교되지 않을 정도로 우수하다고 하면 그 능력을 계발하는 교육하고 계속 발전시키는 과정에서 열등한 능력, 예를 들면 음악적인 능력이나 언어적인 능력도 수준 이상으로 발전시킬 수 있다고 본다. 그러므로 내 아이의 우수한 능력을 계발하는 데 교육의 관심을 두고 이를 강화하는 것은 물론, 그 외의 능력도 점차적으로 성장한다는 확신을 가지고 자녀교육을 할 필요가 있다.

이를 이끌어내는 원칙은 간단하다. 한 가지의 강점을 발견하면 아이의 관심을 유도하고 격려를 해서, 학습 자체의 즐거움을 느낄 수 있도록 하는 것이다. 아이가 잘할 수 있다는 자신감을 갖고 관심을 보일 때 이를 다른 분야에 대한 관심으로 확산시킨다면, 잘하는 분야와 부족한 분야를 동시에 발전시킬 수가 있다. 예를 들어 아래와 같은 방법을 이용해보자.

아이와 함께 책 읽기

언어 지능이 발달한 아이는 책 읽기에 많은 관심을 보인다. 이때 아이가 좋아하는 책을 읽고 나서, 언어 지능을 더 강화할 뿐만 아니라 여타의 능력을 계발할 수 있는 다양한 방법을 활용해보자.

❶ 언어 지능 향상 책 내용에 대한 감상문 혹은 독후감을 써보도록 한다.

❷ 논리−수학 지능 향상 책 속의 내용과 관련된 기사와 자료를 찾아 정리 및 스크랩한다.

❸ 시각−공간 지능 향상 책 속의 내용을 구체적인 그림으로 그려보거나 장남감 블럭을 활용하여 만들어본다.

❹ 신체−운동 지능 향상 책 속의 동작을 재연해본다.

❺ 음악 지능 향상 책 속의 내용과 유사한 가사를 가진 노랫말을 배워서 불러본다.

❻ 대인관계 지능 향상 책 속 내용으로 역할놀이를 해본다.

❼ 개인내적 지능 향상 만약 책 속의 주인공이라면 어떤 기분을 느낄지 표현하도록 한다.

박물관이나 식물원 견학하기

박물관이나 동물원, 식물원 등을 견학하는 일은 자연탐구 지능이 발달한 아이가 유달리 관심을 보이는 체험학습이다. 이때 아래의 활동을 통해 다른 지능을 발달시킬 수 있다.

❶ 언어 지능 향상 박물관 견학일지를 써본다.

❷ 논리-수학 지능 향상 과학박물관을 견학하여 다양한 실험도구를 직접 활용해보고, 원리에 관한 생각을 할 수 있도록 한다.

❸ 시각-공간 지능 향상 아이에게 박물관 안내서를 보여주면서 관람순서를 계획하도록 하고 그 계획에 맞춰 관람한다.

❹ 음악 지능 향상 공룡박물관을 관람한 후 주변의 사물을 이용하여 공룡소리를 표현해본다.

❺ 대인관계 지능 향상 가족과 함께 박물관 계획을 함께 세우고, 견학 후에 가장 인상 깊었던 것에 대해서 함께 이야기해본다.

❻ 자연탐구 지능 향상 식물원에서 관찰한 식물을 주변에서 찾아보도록 한다.

아이와 함께 그림 그리기

집에서 엄마와 아이가 함께 그림을 그리는 일은 일상적이다. 시각-공간 지능이 발달한 아이들이 유달리 관심을 보이는데, 이때 아래의 방법을 함께 활용하면 다른 능력도 계발할 수 있다.

❶ 언어 지능 향상 그린 그림에 대해서 가족이나 친구들과 이야기 해보거나, 그림의 주제 및 제목을 붙이고 설명한다.

❷ 시각-공간 지능 향상 다양한 색을 사용하여 여러 사물을 표현해보고 이에 대해 이야기해본다.

❸ 대인관계 향상 모자이크 작업과 같이 함께 작품을 완성하는 활동을 해본다.

❹ 개인내적 지능 향상 자신의 감정을 그림으로 표현해보고 이야기한다.

❺ 자연탐구 지능 향상 자연 식물을 재료로 이용하여 그림으로 표현해본다.

❻ 음악 지능 향상 그림과 같은 느낌의 노래를 찾아 부른다.

아이와 함께 요리하기

요즘에 인기를 끄는 창의력 교육 방법 중 하나가 요리교실이다. 대부분의 아이들이 좋아하지만, 그중에서도 대인관계 지능이나 시각 – 공간 지능이 발달한 아이가 관심을 갖는다. 아래의 다른 활동을 함께 하면서 아이의 재능을 계발해보자.

❶ 언어 지능 향상 함께 만든 요리에 관한 좋은 점과 보완한 점을 적어보고 이야기해본다.

❷ 논리–수학 지능 향상 구체적인 조리법^{재료의 량, 요리의 순서}을 익힌다.

❸ 시각–공간 지능 향상 접시 위에 요리를 다양한 방법으로 담아보거나, 먹음직스럽게 꾸며본다^{소스 얹기, 야채 장식}.

❹ 음악 지능 향상 조리도구를 이용해서 재미있는 소리를 내어본다^{타악기 연주}.

❺ 대인관계 지능 향상 아이가 주인이 되어 다른 가족이나 친구들을 초대해서 접대하는 상황 놀이를 한다.

❻ 자연탐구 지능 향상 자연 속 여러 사물로 요리 기구를 만들어본다. 또는 가족과 함께 텃밭을 직접 가꾸어서 수확한 채소를 이용해 요리한다.

마트나 백화점 등으로 쇼핑을 가면 유달리 활발해지는 아이들이 있다. 신체-운동 지능과 시각-공간 지능이 발달한 아이들이 특히 그러한데, 아래의 활동을 통해 여러 가지 능력을 계발하는 기회로 삼도록 하자.

❶ 언어 지능 향상 물건의 사용도가 무엇인지 어떻게 활용할 수 있는지 가족과 함께 이야기 해보기.

❷ 논리-수학 지능 향상 물건 값을 스스로 계산해보고, 물건 할인율을 적용해보도록 한다.

❸ 시각-공간 지능 향상 상점을 가는 다양한 방법을 찾고, 길을 알아보도록 한다. 쇼핑할 물건을 알려주고 쇼핑 순서를 계획하도록 한다.

❹ 대인관계 지능 향상 엄마와 함께 물건사기 역할놀이를 해본다.

❺ 신체 운동 지능 향상 자신이 좋아하는 물건이 어디에 위치해 있는지 스스로 찾아보도록 한다.

전문적인 교육 프로그램을 활용하자

아이의 재능을 찾아내고, 다중지능 중에서 어떤 지능이 더 돋보이는가를 알아내기 위해서는 다차원적인 접근이 필요하다고 했다.

그래서 앞서 우리는 어떤 방법을 통해 이를 찾을 수 있는지 찾아보았다. 그러나 때로는 집에서는 해볼 수 없는 여러 가지 활동이나 배움의 기회를 통해 아이의 능력이 계발되기도 한다. 그러므로 재능 계발과 관련이 깊은 교육 프로그램을 통해서 아이가 어떤 반응과 특징을 보이는지 알아보는 것도 좋은 방법이 된다. 이런 프로그램을 운영하는 교육기관을 이용하여 아이가 어떤 반응을 보이는지 파악하는 것도 좋고, 실제 교육기관에서 운영되는 이런 프로그램을 집에서 적절히 응용하여 아이의 피드백을 점검할 수도 있다. 그럼 4가지의 교육 프로그램을 통해서 아이의 영재성을 알아보도록 하자.

사고와 창의성 프로그램

사고의 계발뿐만 아니라 탐구의욕을 높여주는 것이 목적이다. 이 프로그램을 통해서 논리적인 사고와 창의적인 사고 능력을 키워주고, 더불어 도덕성이나 인성 교육을 시킬 수 있다. 이때 아이가 어느만큼 논리성이나 창의성을 보이는지 유심히 살펴보아야 한다.

- 어휘나 사물에 대한 느낌, 논리적인 사고의 과정, 관찰력 등을 키워주거나 살펴볼 수 있도록 관찰일지 등을 작성하게 한다.
- 블록이나 만들기, 종이접기 등을 통해서 창의적인 사고를 하게끔 자극하면서 독창성, 융통성 등을 키워준다.
- 아이 혼자 하거나 또는 소그룹을 만들어서 특정 주제를 가지고 일정한 기간 동안 과제를 풀게 한다. 이때 문제를

풀어가는 과정을 기록하거나 정리하게 하여 나중에 문제 해결과정을 평가할 수 있도록 한다.

- 토론과 협동 학습을 통해 사회성을 기르고, 리더의 역할을 경험하게 하여 리더십을 길러주는 것이다.
- 가치관 교육을 실시하고, 아이의 관심 정도를 점검한다.

속진/심화 프로그램

사람은 누구나 다 고유한 능력을 갖고 있다. 따라서 자신이 관심을 갖고 있는 분야에 우수한 능력을 가지고 있거나 잠재력과 소질이 엿보이는 아이에게 그 적성과 발달 속도에 맞는 특별한 교육을 제공해야 한다. 이 프로그램을 통해 아이의 재능을 속진, 심화를 통해서 발전시켜 주고, 창의적인 전문가가 될 수 있도록 도와준다. 보통 수학, 과학, 언어, 사회 탐구 등이 있다.

- 수학적인 재능이 보인다고 판단되면 또래의 아이들과 달리 높은 수준의 수학프로그램을 전문가나 기관을 통해서 교육을 받도록 해준다. 단지 '숫자와 친한 것 같애.' 하고 영재성이 있다는 판단을 하는 것이 아니라 좀 더 전문적

인 교육과정을 통해서 점검해보는 것이다.

- 과학 주제에 대한 관심 여부와 문제해결과정에서 보이는 논리적 사고 능력을 전문 교육 프로그램을 통해서 측정해본다.

- 어휘력이나 문장 구성력이 뛰어난 아이들은 독서 지도 프로그램 등을 전문적으로 시켜서 능력의 계발과 정도를 가늠해본다.

- 친구관계에서 나타나는 행동을 바탕으로 교육을 하거나 평소 아이가 사회적인 문제에 대해서 높은 관심을 보인다면 이를 같이 대화하면서 토론을 자주 한다.

선택 프로그램

다양한 지능 발달과 측정 프로그램을 통해서 모든 재능을 보이기는 어렵다. 특히 다중지능을 생각해볼 때 대부분 한두 가지의 지능에서 영재성이나 재능을 보이기 때문에 아이가 가장 관심을 보이는 분야를 선택하여 프로그램을 소개하고 관찰하는 것이 좋다. 그러기 위해서는 먼저 다양한 분야를 소개해준다. 그중에서 어떤 분야에 대하여 높은 관심을 보이는지를 살펴본다.

- **꼬마 시인반** 어휘력이나 언어발달을 길러주면서 자신의 생각을 조리있게 표현할 수 있도록 기초적인 글쓰기나 시를 쓰고 발표하게 한다.
- **논리 탐구반** 사고의 형식과 법칙을 익히도록 돕는다.
- **수학 활동반** 수와 관련된 사고를 높이고 문제 해결 능력을 키운다.
- **과학 공작반** 일상생활에서 볼 수 있는 여러 가지 전기, 전자 현상에 대한 기초적인 원리를 이해하고, 간단한 실험을 할 수 있다.
- **천체관측반** 밤하늘의 별자리와 자연의 원리를 공부한다.
- **컴퓨터반** 컴퓨터에 대한 높은 관심을 갖고 있는 아이가 직접 각종 프로그램을 이용하고, 간단한 프로그래밍을 할 수 있도록 한다.
- **영상만들기반** 영화나 영상에 대해 관심을 가진 아이들에게 캠코더나 디지털 카메라를 이용하여 영상 만들기를 하도록 한다.

특별 프로그램

특별 프로그램은 각종 경연대회에서 입상한 결과를 기준으로 삼아 재능을 가늠해보는 것이다. 수학이나 문학, 그리고 미술, 음악 등의 경연대회에서 입상한 아이들은 좀 더 전문적인 판단을 할 수 있도록 관련 교육기관이나 전문가를 통해서 교육을 받게 하고 평가를 해보는 것이다.

적성검사를 통해
아이의 유형의 알아보자

사람들이 일반적으로 사용하는 성공 또는 출세라는 말은 자신의 적성과 직업이 제대로 연결되어 성취감을 느낄 수 있을 때 사용하는 것이다. 큰 업적을 남긴 사람들은 대체로 이 경우인데 아인슈타인, 베토벤, 엘리엇 등은 그들이 하는 일에 최고의 성취를 달성하였고, 개인적인 삶에도 만족을 얻었음을 알 수 있다. 여기서 우리가 알 수 있는 것은 그들이 성취감을 가질 수 있었던 원동력은 한 개인과 그에게 주어진 직업이나 진로의 조건이 제대로 조화를 이루었기에 가능했다는 점이다.

아이가 어떤 적성과 재능을 갖고 있는지를 안다면 그 재능을 올바르게 발휘할 수 있는 앞으로의 진로에 대해서도 짐작할 수 있다. 이런 짐작을 통해 어릴 때부터 재능을 계발하는 것은 물론이고 앞으로의 진로나 직업과 관련하여 좀 더 긴 안목을 가질 수 있어서 교육에 대하여 장기적인 준비를 할 수 있다.

적성이란 미래의 예언이라는 속성이 담겨 있다. 미래의 어떤 분야에서의 예언을 하기 위한 개념이라고 말할 수 있다. '현재 이러한 특성이나 재능을 보이고 있으니 장차 그러한 능력을 요구하는 분야에서 우수한 성취를 보일 것이다.' 라고 추측하는 것이다. 그리고 적성이란 단순히 능력만을 가지고 판단하거나 예언을 하는 것이 아니라 정서나 성격과도 밀접한 관련이 있다. 예를 들어 의학 분야에서 성공하기 위해서는 의학에 대한 선호도, 신념, 인생관이 의사의 적성과 일치하는 정도가 높아야 할 것이다. 이처럼 적성검사는 어떤 특정 훈련이나 직업 활동과 작업을 하는데 있어 성공가능성의 예언을 목적으로 삼는 검사이다. 더 나아가 지적인 것뿐만 아니라 정서나 그리고 선호 경향을 포함시키는 다차원적 접근을 취한다.

그럼 적성검사는 어떻게 하는 것일까? 평소에도 여러 적성검사의 방법에 접해보았을 것이다. 부모 역시 학교나 직장에서 적성검사를 한 경험이 있다. 그 많은 항목들은 대체로 다음과 같은 기준으로 만들어진다.

첫째, 진로와 능력의 관계

능력은 일반적으로 지능과 적성, 그리고 학업 성취도 등이 포함된다. 이 중에서 적성이란 직업이나 학업 등과 같이 구체적인 일에 대한 앞으로의 성공가능성을 예언하는 심리적인 특성이다. 따라서 아이의 진로에 대해서 고민할 때 무엇보다 어떤 재능과 적성을 갖고 있는지를 먼저 생각해야 하는 이유가 여기에 있다. 그저 무턱대고 소위 잘나간다는 직업만을 목표로 아이에게 강요하는 것은 옳지 않다.

둘째, 직업과 인성의 관계

직업을 선택할 때 성격을 감안해야 하는 이유는 직업이나 진로에 있어 개인의 성격이 미치는 영향이 크기 때문이다. 예를 들어 조직 생활에 적응하지 못하는 성격인데도 불구하고 조직 활동을 많이 요구하는 직업을 선택하게 되면 당연히 만족도는 떨어진다.

성격검사는 개인마다 성격특성이 다르며 따라서 동일한

상황에 동일한 자극을 주었을 때라도 서로 다른 반응행동을 나타낸다는 가정 하에 이루어진다. 그렇기 때문에 성격검사의 결과는 좋다 나쁘다라는 가치판단의 관점에서가 아니라 개인을 보다 잘 이해하도록 돕는 역할을 한다는 관점에서 활용되어야 한다.

셋째, 직업과 선호도의 관계

특정 직업에 대한 선호도, 즉 '흥미'란 개인이 어떤 활동이나 과업에 대해 가지게 되는 그 일에 대한 긍정적인 태도 즉, 관심이라고 볼 수 있다. 따라서 개인의 진로를 결정하는 데 있어서 흥미 요인은 상당히 중요하다. 본인이 관심을 가지고 있다면 그만큼 그와 관련된 재능도 갖추고 있다는 의미일 수 있기 때문이다.

넷째, 능력, 인성 그리고 선호도 간의 일치도

위에서 언급한 한 개인의 능력, 인성 그리고 선호도는 아이의 진로나 직업과 관련성이 매우 높다.

이런 기준을 통해 간략하게 만들어진 직업 인성 체크리스트를 소개한다. 초등학생 연령 이상의 아이들이라면 아이가 직접 체크를 해서 자신의 직업에 관련된 인성에 대해 찾아볼 수 있고, 보다 어린 나이라면 부모, 선생님 등이 아이의 직업 인성을 관찰해서 체크할 수도 있다. 물론 이 체크리스트는 아주 간단하게 정리된 것이므로, 능력적인 것은 체크할 수 없고, 이것만으로 아이의 적성과 직업에 대해 판단하는 것은 위험하다. 그러나 어느 정도 기본적인 방향을 파악한다는 차원에서 활용해 보면 도움이 될 것이다.

| 답하는 방법 |

행동 특성이 전혀 아닌 경우	1
그렇지 않은 경우	2
그저 그럴 경우	3
그럴 경우	4
매우 그럴 경우	5

		1	2	3	4	5
1	일상적인 순서를 잘 지킨다.	1	2	3	4	5
2	어떤 것을 분류하는 것을 좋아한다.	1	2	3	4	5
3	내가 속한 집단에서 리더의 역할을 자주한다.	1	2	3	4	5
4	남이 생각하지 못한 행동을 한다.	1	2	3	4	5
5	나는 어떤 것을 조작하는 것을 즐긴다.	1	2	3	4	5
6	언어와 관련된 일을 좋아한다.	1	2	3	4	5
7	친구들과 잘 어울리는 편이다.	1	2	3	4	5
8	체계적인 일을 좋아한다.	1	2	3	4	5
9	답을 예상해보는 것을 좋아한다.	1	2	3	4	5
10	정리정돈을 잘 한다.	1	2	3	4	5
11	참고자료를 많이 찾아보는 편이다.	1	2	3	4	5
12	친구들의 의논 대상이 된다.	1	2	3	4	5
13	괴짜라는 소리를 자주 듣는다.	1	2	3	4	5
14	무엇이든지 만져보는 일을 좋아한다.	1	2	3	4	5
15	독서를 좋아한다.	1	2	3	4	5
16	어떤 일을 하기 전에 남의 입장을 생각해보려고 노력한다.	1	2	3	4	5
17	원인과 결과를 규명하기를 좋아한다.	1	2	3	4	5
18	무엇이든 재해석하기를 좋아한다.	1	2	3	4	5
19	공책 정리를 일목요연하게 잘 하는 편이다.	1	2	3	4	5
20	사물들 간의 공통점을 찾으려고 노력한다.	1	2	3	4	5
21	일에 대해 평가하는 것을 좋아한다.	1	2	3	4	5
22	남과 다르게 생각하는 것을 좋아한다.	1	2	3	4	5
23	움직이는 종류의 일을 좋아한다.	1	2	3	4	5
24	무엇이든지 다른 의미로 생각해보려는 편이다.	1	2	3	4	5
25	무슨 일이든 열심히 하면 성공할 수 있다고 생각한다.	1	2	3	4	5

26	미리 계획에 따라 실천한다.	1	2	3	4	5
27	사물들 간의 관계에 주목하는 편이다.	1	2	3	4	5
28	꼼꼼하게 기록하는 일을 좋아한다.	1	2	3	4	5
29	단편소설을 좋아한다.	1	2	3	4	5
30	여러 가지 사실들을 비교하는 과정을 즐긴다.	1	2	3	4	5
31	남들이 독특하다고 하는 행동을 자주 한다.	1	2	3	4	5
32	내 손으로 무엇인가 만드는 것을 좋아한다.	1	2	3	4	5
33	글을 읽을 때 그 속에 내포된 의미를 파악할 수 있다.	1	2	3	4	5
34	새로 만난 친구에게 먼저 말을 거는 편이다.	1	2	3	4	5
35	규칙을 파악해 보려고 노력한다.	1	2	3	4	5
36	나는 같은 사실을 변형시켜 생각한다.	1	2	3	4	5
37	일을 빨리 처리하는 편이다.	1	2	3	4	5
38	정보 제공자로 통한다.	1	2	3	4	5
39	친구들과 함께 활동할 때 내가 주로 해결책을 제시하는 편이다.	1	2	3	4	5
40	창의적이라는 소리를 듣는 편이다.	1	2	3	4	5
41	그림 보는 것을 좋아한다.	1	2	3	4	5
42	어휘력이 뛰어나다는 소리를 듣는다.	1	2	3	4	5
43	활동적이라는 소리를 듣는 편이다.	1	2	3	4	5
44	논리적으로 생각하여 답을 찾는다.	1	2	3	4	5
45	거대한 체계의 구성에 관심이 있다.	1	2	3	4	5
46	일을 정리하는 편이다.	1	2	3	4	5
47	많은 아이디어를 생각해 보는 편이다.	1	2	3	4	5
48	통찰력이 있다.	1	2	3	4	5
49	일정한 답이 없는 문제를 더 좋아한다.	1	2	3	4	5
50	그림 맞추기puzzle를 잘한다.	1	2	3	4	5
51	단어를 많이 아는 편이라고 생각한다.	1	2	3	4	5

52	고아원 같은 곳에서 봉사활동 하고 싶다.	1	2	3	4	5
53	나는 삼단 논법을 활용한다.	1	2	3	4	5
54	결과를 예상해보는 것을 즐긴다.	1	2	3	4	5

오른쪽에 나오는 각 직업인성·선호도에 대한 문항을 5점 평점에 따라 체크한 후 그 합을 6으로 나누어, 평균을 구한다. 3을 중심으로 있으면 그 적성이 평균정도에 있다는 것을 나타내고, 1~2에 있으면 그 적성이 부족하다는 것을 나타내며, 4~5에 있으면 적성이 월등함을 나타낸다고 판단할 수 있다. 그래서 각 영역별로 가장 높은 점수를 받은 항목을 찾는다. 작용영역 중에 가장 높은 평균점수를 받은 것과, 정보영역에서 가장 높은 평균점수를 받은 것, 행동영역에서 가장 높은 점수를 받은 것이, 각 영역별로 아이가 적성을 보이는 분야라고 생각할 수 있다. 물론 앞서 말한 것처럼 좀 더 자세하고 구체적인 능력에 대한 정보는 완전한 검사를 실시할 필요가 있다.

| 직업인성 검사 채점 방법 |

영역		문항	평균점수
작용 영역	관습형	1, 10, 19, 28, 37, 46	
	실질형	2, 11, 20, 29, 38, 47	
	평가형	3, 12, 21, 30, 39, 48	
	창의형	4, 13, 22, 31, 40, 49	
정보 영역	감각형	5, 14, 23, 32, 41, 50	
	언어형	6, 15, 24, 33, 42, 51	
	사회형	7, 16, 25, 34, 43, 52	
행동 영역	정돈형	8, 17, 26, 35, 44, 53	
	응용형	9, 18, 27, 36, 45, 54	

개인별 적성 체크리스트의 결과에 따라 프로파일을 만들어 보자. 위에 체크된 점수를 아래 도표에 표시하면 아이의 적성을 한눈에 파악할 수 있다.

하위적성	1	2	3	4	5
관습형					
실질형					
평가형					
창의형					
감각형					
언어형					
사회형					
정돈형					
응용형					

　적성검사의 결과에 따라 나누어진 유형은 아래와 같이 설명할 수 있다. 그리고 각각의 유형과 깊은 연관성을 가지는 직업도 추측할 수 있다. 아래의 유형을 보고 내 아이의 적성이 어떤 유형에 해당되는지 알아보도록 하자.

1 작용영역

관습형

　관습형은 일반적으로 잘 짜여진 구조에서 일을 잘하고, 세밀하고 꼼꼼한 일에 능숙하여 정해진 원칙과 계획에 따라 기록하고 정리하는 것을 잘한다.

실질형

　실질형은 실제 사실에 대하여 정확하고 체계적으로 기억하며, 복잡한 상황에서는 그래프나 도표와 같은 요약 정리된 자료를 통해서 한눈에 파악할 수 있는 것을 선호한다.

창의형

창의성을 지향하며 상상력과 감정이 풍부하여 비슷하거나 같은 사고와 행동을 싫어하며, 미리 정해진 틀 없이 자유롭게 작업하는 것을 선호한다.

평가형

평가형은 자신의 기준에 따라 사실들을 비교, 평가, 선택, 판단, 결정하는 것을 선호한다. 리더의 역할을 맡는 것을 좋아하며 다른 사람들의 의견에 진지한 관심을 가지므로 의논대상자가 되기도 한다. 여러 가지 대안이 있는 경우에 자신의 뚜렷한 기준에 맞춘 자신의 결정을 끝까지 밀고 나가는 성향을 가지고 있다.

2 정보영역

언어형

언어형은 정확한 의사소통을 위해 적절한 단어를 선택하고 어휘를 연상하며 문장의 뜻을 이해하고 의사를 잘 표현하는 유형이다. 언어형이 높을 경우 책을 읽은 내용에 대해서도 내용에 담겨진 의미를 잘 이해하고 파악하며, 읽는 속도가 빠르다. 그리고 무엇이든지 다른 의미로 이해하고 해석하는 경향이 있으므로 다른 사람들이 가볍게 지나칠 수 있는 내용도 깊은 의미를 두고 사고한다. 대화를 하거나 발표를 할 경우에 다양한 어휘와 세련된 문장을 적절하게 잘 표현한다.

감각형

감각형은 직접 보고 손을 움직여 기구를 조작하고, 물건을 다루거나 완성시키는 활동을 선호한다. 호기심이 드는 것을 무엇이든지 직접 만져보고 느껴서 확인하기를 좋아하고 많은 사실들을 쉽게 기억하고, 예술적인 멋을 먼저 느낀다. 도형을 이용하여 정리하는 것을 즐기며 세밀하고 정밀한 작업을 끈기있게 완성하는 것을 좋아한다.

사회형

사회형은 다른 사람과 함께 일하는 것을 좋아하고, 다른 사람의 기분이나 바람을 잘 알아차리는 편이다. 그러한 이해를 바탕으로 다른 사람에게 적절하게 반응할 수 있으며 다른 사람들과 공감대를 쉽게 형성하고 잘 어울려 지낼 수 있는 성향을 가지고 있다.

정돈형

정돈형은 체계적, 논리적으로 일을 처리하는 하는 것을 좋아하고, 일의 규칙을 파악하여 미리 계획된 설계에 따라 실천하는 활동을 선호한다. 감정보다는 이성을 우선시하여 일의 원인과 결과를 논리적으로 파악하여 해결책을 제시하는 경향이 높다. 따라서 체계적이고 신속하게 일을 처리하기를 좋아하며 평소에 자료의 정리정돈을 게을리하지 않는다. 결과를 중시하며 목적에 맞는 성과가 이루어졌는지를 확인하고 해결책 등을 찾으려고 노력하는 것을 좋아한다.

응용형은 넓은 장기적인 계획과 거시적인 안목을 보여준다. 변화를 좋아하여 새로운 일을 시도하려 하고, 논리적인 특성이 강하다. 새로운 문제나 복잡한 문제에 해결력이 뛰어나며 무엇이든 재해석하기를 좋아한다. 일처리에 있어서 사전준비를 철저히 하며 논리 분석적으로 계획하고 조직하여 체계적으로 추진해 나가는 편이다.

위의 9가지 적성 유형은 직업이나 진로의 선택과도 밀접한 관련이 있다. 그런데 적성이란 것이 딱 하나만 나타나는 것은 아니다. 작용영역 4가지와 정보영역 3가지, 그리고 행동영역 2가지가 복합적으로 나타나면서 24가지의 특성으로 나타난다. 예를 들어 아이가 "관습형 +감각형 +정돈형"이라면 경찰이나 기상캐스터와 같은 직업과 깊은 관련이 있음을 추측할 수 있다. 나머지 자세한 유형과 직업, 그리고 대학 전공은 책속 부록에 자세히 소개되어 있으니 참고하도록 하자.

내 아이의 미래를 그려보자

20년 후의 내 아이는 어떤 모습일까? 부모라면 누구나 다 내 아이가 어떻게 자랄까, 장래에 어떤 사람이 될까라는 호기심과 기대를 갖고 있다. 그러면서 자연스럽게 아이의 미래를 그려본다. 사실 자신의 아이를 바라보면서 어떤 사람이 되었으면 좋겠다, 그리고 직업은 이랬으면 좋겠다는 희망을 수시로 하는 게 부모의 심정이다. 의사이든, 프로야구 선수이든 간에 부모가 바라는 대로 자라서 이 사회에서 뒤처지지 않는 사람이 되기를 기원하고, 또 그렇게 되기를 바라는 마음에 교육열이 활활 타오르는 열정의 엄마 아빠가 된다.

아이를 키우는 데 있어 중요한 것 중 하나가 바로 아이의 미래에 대한 밑그림을 어떻게 그릴 것인가이다. 물론 시간이 흘러가는 대로 초등학교와 중, 고등학교, 그리고 대학교를 진학하여 직업을 선택하는 과정은 누구나 다 비슷비슷하지 않을까라고 생각할 수도 있다. 또한 부모의 밑그림대로 키운다면 그게 간섭이고 개입이다라고 반문할 수도 있다. 아니면 좀 더 직접적으로 의사가 되어라, 판검사가 되어라, 유명한 프로스포츠 선수가 되어라 등등 부모의 상상 속에 그려진 아이의 모습을 기대하면서 채근하기도 한다.

누누이 강조하지만 아이와 관련된 문제에 있어서 부모의 지나친 욕심과 무관심은 위험하다. 즉, 일방적인 '감정'이 개입되어선 안 된다는 말이다. 아이의 미래를 그려보자는 것은 현재의 모습을 통해서 어떤 재능을 갖고 있는지를 먼저 알고 난 뒤에 그것을 갖고 상상하자는 의미이다. 아이가 가지고 있는 재능을 무시하고, 부모의 희망으로만 그려보는 그림은 나름대로 즐거울지는 몰라도 아이에겐 부담이 될 수 있다. 또는 알아서 하겠지라고 내버려두는 것은 아직 판단능력이 떨어지는 아이에게 너무 무책임한 것이다.

어린 아이들은 자신의 미래에 대한 구체적인 상상을 할 수 없다. 그저 지금 자기가 관심을 보이는 분야에 대해서 흥미를 느낄 뿐이지, 장래에 대한 세부적인 그림을 그릴 수는 없다. 이럴 때 구체화된 상상을 할 수 있는 사람은 옆에서 관찰과 분석을 하면서 아이의 재능을 찾아내는 부모이다. 객관적인 시각에서 아이의 말과 행동을 관찰한 결과, 어떤 재능을 갖고 있는지와 이 재능을 계속 계발시키기 위하여 어떻게 환경을 만들어주고, 교육을 시킬 것인가에 대한 생각은 부모의 몫이다.

일상적인 대화로 아이에게 "넌 커서 뭐가 되고 싶니?"라고 묻는 경우가 종종 있을 텐데 간혹 부모가 평소에 바라는 장래희망이 아니라 다소 엉뚱한 대답을 할 때도 있다. 그럴 때마다 우습다는 생각으로 무시하고 넌 이렇게 되어야 해라고 자꾸 부모의 생각을 주입시킨다면 그때부터 아이의 재능을 키우는 게 아니라 오히려 위축시킬 수도 있다. 아이가 자라서 사회생활을 할 때 뭔가 인정받을 수 있는 직업을 가졌으면 하는 생각으로 소위 말하는 의사, 변호사 등을 강조하는 것은 어찌 보면 내 아이가 다른 아이들과 마찬가지였으면 싶다는 것과 같다. 다른 아이들처럼 공부를 하고, 아니 조금 더 열심히 해서 좋은 학교를 나와서 좋은 직업과 직장을 얻는다는 생각뿐이다. 이게 잘못된 것이라고는 할 수 없다. 아이가 잘 되기를 바라는 부모의 심정일 따름인데 이를 탓할 수만은 없다. 허나 아이는 음악에 재능이 있거나 미술에 재능을 보이는데 이것을 무시한다면 어떻게 될까? 자신의 재능을 살리고 싶어 하고, 또 흥미와 적성을 보이는데 억지로 엘리트코스만을 이야기한다면 긍정적인 결과보다 부정적인 결과를 얻기가 쉽다. 더불어 아이의 정서적 박탈은 피할 수 없게 된다.

내 아이는 누구와도 같은 필요가 없다. 똑같은 교육을 받고, 똑같은 진로를 가질 이유가 없다. 개성이라는 것은 그래서 중요하다. 개성을 존중한다고 하면서도 획일적인 과정을 겪게 한다면 모순이다. 따라서 누구와도 같을 필요도 없을뿐더러 다른 아이와 비교할 이유도 없다. 영재아라면 더욱 비교는 금물이다. 독특한 재능을 가진 아이를 어떻게 비교할 수 있단 말인가.

비교를 한다면 아이가 원하는 것이 무엇인지, 그리고 부모가 바라는 것은 무엇인지를 한 번 점검해보는 것이 좋다. 다행히도 아이가 원하는 것과 일치한다면 성장과정에서 부모의 역할과 환경 등에 대해서 바로 계획을 세울 수 있다. 반대로 아이와 생각이 다르다면? 너무 심각하게 고민할 필요는 없다. 어차피 아이의 생각은 지금 자신이 관심을 갖고 흥미를 보이는 분야와 연관된 장래희망을 이야기할 것이고, 재능 또한 그 분야의 것이다. 부모 역시 아무것도 모른 채 아이의 장래희망을 그려보는 것이 아니라 어느 정도 관찰과 판단을 하고 있었다면 그 차이가 크지 않을뿐더러 혹시 다르더라도 결론은 '아이의 기준'이 잣대가 되어야 한다. 바로 그게 재능을 인정하고 영재성을 키우는 것이다.

루소는 잘못된 교육을 받은 아이는 전혀 교육받지 않은 아이보다 우둔하다고 말한다. 영재교육도 마찬가지이다. 영재교육의 과정을 받게 된다고 하더라도 아이의 재능에 대한 고민과 분석이 없이 그저 남들도 하니까 나도 시킨다는 행위는 재능의 파괴뿐만 아니라 정상적인 교육과정에도 거부반응을 일으킬 수 있다.

아이가 어떤 재능을 타고 태어났는지, 아니면 어떤 부분을 채워주면 재능을 발달시킬 수 있는지에 대한 진지한 고민 없이 불타오르는 교육열 하나로 아이를 몰아세워서는 상처만 남을 뿐이다.

부모는 농부와 같다는 말이 있다. 씨를 뿌리고 수확할 수 있을 때까지 기다리는 인내심과 더불어 작물이 충분히 자라날 때까지 물과 영양분을 주면서 적절한 환경을 만들어주는 지혜를 갖춘 농부처럼 아이를 대해야 한다. 자꾸 맞지도 않는 비료를 많이 준다고 해서 작물이 더 잘 자라는 게 아니라 오히려 농사를 망칠 수도 있다는 사실처럼 아이의 재능을 찾는 과정이나 교육을 시키는 상황에서 그릇된 생각은 아이의 장래를 그르칠 수 있다.

신중함은 인내심의 또 다른 표현이다. 나름대로 교육에 대한 상식과 지식도 많이 알고 있고, 고등교육도 받은 부모일 테지만 이 또한 과거의 교육과정이자 기준일 뿐이라는 것을 인정하자. 아이가 재능을 보였다면 그때부터 공부와 연구는 바로 부모가 시작해야 한다. 충분한 자료와 적합한 환경을 찾아내는 일 등 부모 스스로 해야 하는 노력은 의외로 많다. 이러한 노력을 기반으로 최선의 교육방식을 찾아내는 일이야말로 가장 기본적인 영재교육이다.

우리나라 조기교육이나 영재교육의 가장 큰 폐단 중 하나가 아이의 재능을 발견하고 적합한 교육과정으로 연결시키는 것이 아니라 부모 자신의 자존심과 체면을 위해 아이를 교육기관에 보내는 것이다. 또한 조기교육이나 영재교육 자체를 하나의 전문적인 재능을 살리고 거기에 맞는 개별적, 맞춤시 교육이라는 올바른 이해 없이 또 다른 입시교육의 특수한 형태로 이해하는 부모도 있다. 이 모두가 조기교육이나 영재교육에 대한 잘못된 생각인데다가 부모의 편견과 잘못된 인식으로 아이의 정상적인 교육과정마저 망칠 수 있다는 생각을 해야 한다.

아이의 미래를 그려보자는 말, 즉 20년 후의 모습을 그려보자는 것은 사회적 기준이나 부모의 개인적인 바람이 아니라 아이의 재능과 기준으로 어떻게 될 것이다를 예상해본다는 것이다. 그럼 그림이 그려졌다면 당연히 그림을 완성하기 위한 새깐을 골라야 한다. 그 색감이 바로 재능을 키우기 위한 환경과 교육이다. 부모의 생각과 다르다고 걱정만 할 게 아니라 아이가 어떤 적성의 유형에 해당하고, 그 유형과 밀접한 관련이 있는 진로가 무엇인지를 고민하는 것과 내 아이에게 맞는 영재교육을 어떻게 할 것인가를 짜보는 과정이 바로 내 아이의 미래를 그려보는 작업이다. 이처럼 '내 아이의 미래를 그려본다.' 는 것의 진정한 의미는 '충분한 관찰을 통한 아이의 재능 발견과 적절한 교육환경의 제공을 통하여 내 아이의 재능을 최고로 계발시킨다' 라는 것이다.

차별화된 아이가
사회적 성공을 이룬다

뛰어난 재능을 가진 아이는 어떤 한 분야에서의 상위 5% 이내에 들어가는 아이를 말한다. 본문에서 언급했던 존 카터의 삶을 다시 한 번 들여다보자. 10살에 대학을 입학하여 19살에 물리학 박사 학위를 취득한 게 과연 쉽게 상상할 수 있는 일은 아니다. 19살에 박사학위를 딴다는 것은 조숙한 존의 모습을 보여준다. 그리고 그의 삶을 찬찬히 들여다보면 영재교육의 한 단면을 볼 수 있다. 9살 때 기초 수학과정을 모두 이수한 것도 일반적인 교육현장에서 쉽게 볼 수 없는 일이다. 이런 일련의 모습들을 통해 조숙성과 자생성이라는 다중재능아의 특징을 알 수 있다. 그리고 10살 때 그레그 베일에게 보내 배우도록 한 것은 존 카터의 재능에 맞게 특별한 교육환경의 제공을 의미한다. 19살의 나이에 대학교수 임용계획은 그의 재능이 단지 개인의 특출한 재능이 아니라 자신의 자아실현과 자기가 속한 집단에서 필요한 능력을 기여한 것으로 해석할 수 있다.

한 아이가 갖는 영재성이나 재능은 유전적인 특성도 있지만 교육적인 환경에 따라 지속적으로 변한다. 터먼 교수는 1920년경에 지능지수 135이상의 11세 영재 1,500명을 35년간 추적하면서 연구하였다. 그 결과 지능 자체가 한 사람의 성공을 보장할 수 없었고, 교육환경이 어떠하냐에 따라 성취를 하거나 실패할 수도 있음을 연구결과에서 보여주었다. 러시아의 학자 바바에바는 타고난 영재의 25%는 아예 발굴되지도 못한 채 사라진다고 주장한 바 있다. 이러한 연구 결과와 주장은 그동안 지능지수에 의존한 재능발굴과 교육의 한계와 영재성을 찾아내는 데 있어 세밀하고 지속적인 관찰이 얼마나 중요한가를 말해준다.

재능이 뛰어난 아이는 또래의 보통 아이들과는 학습특성이 매우 다르다. 따라서 일반적인 교육내용과 교육방법으로는 학

교생활에 잘 적응할 수 없다. 또래보다 많게는 5년 이상의 조숙
성을 가지고 있는 아이가 같은 교과과정을 공부하고, 또 친구와
의 관계가 원만하리라고 기대하는 것 자체가 잘못일 수 있다.
이런 아이는 스스로 학습하는 그 나름대로의 학습방법을 갖고
있다. 그럼에도 불구하고 획일적인 교육과정으로 편입시켜 아
이의 재능을 위축시키고 평범한 아동으로 하향평준화한다는 것
은 아이에게나 사회로 볼 때 손실임이 분명하다.

　내 아이는 공장에서 찍어내는 부품이 아니라고 했다. 각각
의 재능과 개성을 갖고 있는 아이에게 똑같은 교육과 재능을 가
르쳐서 사회에 내보낸다고 했을 때 도대체 무슨 가치가 있을까?
평범하지 않은 재능을 갖고 있는 아이의 삶이 결코 재미있거나
행복하지만은 않겠지만 그렇다고 평범한 삶이 무조건 행복하다
고 할 수는 없다. 갈수록 치열해지는 경쟁사회에서 수많은 분야
의 전문가를 요구하는 시대적인 흐름이 분명 눈앞에 보이는데
도 불구하고 그저 그런 아이로 자라나게 한다는 것은 오히려 아
이를 불행하게 만들 수도 있다.
　일반 학교과정의 공부를 잘하고 성적이 우수한 아이들은

장밋빛 미래가 보장된 게 아니다. 시대가 변했다. 엘리트 학문 교육의 과정을 차근차근 밟고 사회에 진출한다고 해서 그대로 사회적인 지도층이나 엘리트가 되는 것은 아니다. 다양한 사회적 가치관이 인정되고, 나와 너가 다르다는 것을 인정하는 것은 바로 획일적인 기준에서의 학교 성적으로 판단하는 것이 아니라 서로의 재능을 인정한다는 의미이다. 직업의 수를 따질 필요도 없이 과거에는 존재하지 않았거나 또는 인정받지 못한 직업에서도 이제는 스페셜리스트를 요구하고, 사회적인 명성과 지위를 인정받고 있다. 언제까지 틀에 박힌 입시교육에 아이를 몰아넣을 것인가?

교육현장에 있다 보면 안타까운 사례를 많이 보게 된다. 분명히 음악적인 재능이 보이는 학생인데도 불구하고 인문계 학교를 나와 음악과는 전혀 상관없어 보이는 전공을 하는 그 학생의 목표는 그저 안정적인 직장에 취업하는 것이다. 순간순간 음악을 접하거나 노래를 부르는 그 학생의 눈빛과 얼굴은 강의실에서 공부하는 것과는 사뭇 다르게 느껴진다. 도대체 무엇이 행복한 것일까? 그렇다고 하고 싶은 것을 하면서 사는 것이 진정한 행복이다라고 낭만적인 이야기를 하는 것은 아니다. 영재성이 있다고 판단되는 아이라면 그 재능을 살리는 것이 오히려 개인의 행복뿐만 아니라 사회적으로도 성공할 수 있으며, 또 기여를 한다는 뜻이다.

직장생활을 하는 부모라면 한번쯤은 들어본 말이 '핵심역량'과 '자기계발'이다. 직장에서의 경쟁과 자신의 성과를 높이기 위해서 무조건 열심히 일을 하는 게 정답은 아니더라는 것을 잘 알고 있을 터이다. 주위의 동료나 경쟁자와의 관계에서 인정받기 위하여 차별화된 나만의 역량과 또 그 역량을 계발하기 위한 부단한 노력은, 이제 직장인이라면 필수적인 마인드이자 일상생활에서의 과정이다. 주부로 있는 엄마도 예외가 아니다. 올바른 교육과 가정의 살림살이를 한다는 것이 단지 시어머님이나 친정어머님을 통해서 배운 것만으로 되지 않기에, 육아나 살림살이와 관련된 정보를 얻는다거나 자기 학습을 위해 각종 교양강좌에 나가면서 부단한 자기계발을 한다. 아이도 같은 이치다. 재능을 갖고 있다면 주위의 아이와는 다른 차별화된 능력이 있다는 것을 인정하고, 지속적인 계발을 할 수 있도록 부모가 도와줘야 한다. 그게 바로 20년 후의 미래를 미리 준비하는 것이다.

부모의 역할은 중요하다. 깊은 사랑과 넓은 아량으로 아이를 품에 안는 그런 넉넉함의 존재에서 한 걸음 더 나아가 카운슬러이면서 안식처가 되어줘야 한다. 이렇게 부모와의 상호작용이 얼마나 중요한가를 이야기했지만 정작 부모들은 학원이다, 과외다 하면서 물질적인 지원만으로 자기만족을 갖는 경우도 있다. 물질적인 지원보다 부모와의 상호작용이 절대적인 영향을 끼친다는 것을 안다면 지금부터라도 내 아이가 어떤 재능을 갖고 있는지 살펴보고, 또 가정에서 어떤 환경을 만들어줘야 할지를 먼저 고민하고 연구하는 자세를 가져라. 그리고 중요한 것은 행동으로 실천하라. 간섭과 개입이 아닌 조언자로서의 적극적인 행동을 하는 현명한 부모가 되기를 바란다.

책 속 부록

●/●/●/●/●/ 부록 1

적성검사 유형과 관련학과
& 관련직업 소개

●/●/●/●/●/ 부록 2

외국의 영재판별과
교육은 어떤 것일까?

●/●/●/●/●/ 부록 3

우리나라의 영재교육기관 소개

적성검사 유형과 관련학과 & 관련직업 소개

1. 관습 + 감각 + 정돈

★ 관련 학과

원예학과, 체육교육과, 환경보호학과, 환경지질학과, 환경보건학과, 환경과학과, 기계공학교육과, 기술교육과, 농업교육과, 보건교육과, 전기공학교육과, 전자공학교육과, 금속공학교육과, 사회교육과, 보건체육과, 공업교육과, 수의학과, 방사선학과, 경찰학과, 경호학과, 경찰대학

★ 관련 직업

기상캐스터, 기술교사, 체육교사, 세탁업, 인쇄업, 제조업, 도소매업자, 농작물 재배업, 화훼종사자, 조경사, 원예사, 중장비 운전자, 운수업, 전화안내원, 우편물 취급 관리 사무원, 애견미용사, 경찰관, 경호요원, 악기 제

조업자, 비디오 촬영 기사, 방송 장비 기술자, 방사선기사

2. 관습 + 감각 + 응용

★ 관련 학과

농학과, 산림자원학과, 동물자원학과, 농가정학과, 조경학과, 지구해양학과, 지질학과, 미술교육과, 음악교육과, 응용미술교육과, 토목공학교육과, 잠사학과, 컴퓨터학과, 조소과, 산업미술학과, 연극영화과

★ 관련 직업

제조업, 도소매업자, 농작물 재배업, 화훼종사자, 조경사, 원예사, 예능교사, 섬유제조업, 영화 세트 장식가, 조각가, 모형 조각가, 영상 기사, 비디오 촬영 기사, 컴퓨터 그래픽 디자이너, 컴퓨터 프로그래머, 응용 프로그래머

3. 관습 + 언어 + 정돈

★ 관련 학과

경제학과, 경영학과, 교육학과, 사회교육과, 역사(국사)교육과, 지리교육과, 국민윤리교육과, 수학교육과, 물리교육과, 화학교육과, 화학공학교육과, 생물교육과, 지구과학교육과, 과학학과, 가정교육과, 기독교 교육과, 도서관교육과, 아동학과, 사회생활학과, 실업교육과, 비서학과, 중국학과,

일본학과, 미국학과, 북한학과, 신문방송학과, 경영학과

★ 관련 직업

초중등교사, 종교교사, 은행사무원, 기자, 번역가, 아나운서, 방송 리포터, 관리직 사무원, 자금 담당 업무 , 속기사, 문서 정리, 사서

4. 관습 + 언어 + 응용

★ 관련 학과

국어국문학과, 중어중문학과, 영어영문학과, 불어불문학과, 독어독문학과, 노어노문학과, 서어서문학과, 종교학과, 농업교육과, 국어교육과, 영어교육과, 불어교육과, 독어교육과, 지구과학과, 지구물리학과, 과학교육과, 일어교육과, 종교교육과, 초등교육과, 초등특수교육과, 치료 특수교육과, 특수교육과, 컴퓨터교육과, 청소년지도학과, 유아교육과, 일어일문학과, 종교학, 신학과, 러시아어과, 영어학과, 화란어과, 이태리어과, 아랍어과, 포르투갈어과, 인도어과, 태국어과, 베트남어과, 신문방송학과

★ 관련 직업

기자, 번역가, 아나운서, 방송 리포터. 동시통역사, 초중등 교사, 언어치료사, 학원강사, 종교인, 언어학자

★ **관련 학과**

사회복지과, 특수교육과, 유아교육과, 국어교육과, 영어교육과, 불어교육과, 독어교육과, 과학교육과, 일어교육과, 종교교육과, 초등교육과, 치료특수교육과, 특수교육과, 컴퓨터교육과, 청소년지도학과, 신학과

★ **관련 직업**

사회복지사, 언어 치료사, 보육교사, 특수교육교사, 유치원교사, 초중등교사, 정신보건사업자, 간병인, 재활치료사, 종교인, 전문비서

★ **관련 학과**

천문학과, 환경학과, 비서학과, 사회복지과, 특수교육과, 특수치료학과, 심리학과, 청소년지도학과, 사회학과, 유아교육학과, 신학과, 국어교육과, 영어교육과, 불어교육과, 독어교육과, 과학교육과, 일어교육과, 종교교육과, 초등교육과, 레크레이션과

★ **관련 직업**

기상캐스터, 리셉셔니스트, 도소매업자, 텔레마케터, 유아교사, 초중등교사, 신학자, 철학자, 전문비서, 사회복지사, 언어 치료사, 상담가, 정신보

건사업자, 상담심리학자, 임상심리 전문가, 비행청소년 선도관, 사회학자, 이벤트 전문가, 웨딩 컨설턴트

★ 관련 학과

경영학과, 법학과, 의예과, 약학과, 행정학과, 컴퓨터학과, 컴퓨터공학과, 기계공학과, 기계설계학과, 제어계측과, 정보통신학과, 방사선학과, 통계학과, 전산학과

★ 관련 직업

증권 사무원, 법무사, 임상병리사, 의사, 약사, 학자, 대학 교수, 재무관리, 회계사, 외환 딜러, 변리사, 특허 관련 업무, 전산관련 전문가, 방사선기사, 컴퓨터 프로그래머, 시스템 프로그래머

★ 관련 학과

의예과, 건축학과, 도시공학과, 응용미술학과, 공예학과, 컴퓨터학과, 컴퓨터공학과, 기계공학과, 기계설계학과, 제어계측과, 정보통신학과, 방사선학과, 연극영화과, 산업디자인과, 회화과, 금속공예과

★ 관련 직업

의사, 건축가, 건축설계사, 영화 세트 장식가, 디스플레이어, 가구인테리어, 상업 디자이너, 컴퓨터 프로그래머, 컴퓨터 시스템 설계가, 시스템 프로그래머, 컴퓨터 바이러스 치료사, 응용 프로그래머, 이벤트 전문가

★ 관련 학과

경영학과, 경제학과, 법학과, 행정학과, 경영정보학과, 문예창작과, 국문학과, 신문방송학과, 국어국문학과, 중어중문학과, 영어영문학과, 불어불문학과, 독어독문학과, 노어노문학과, 서어서문학과, 일어일문학과, 러시아어과, 영어학과, 화란어과, 이태리어과, 아랍어과, 포르투갈어과, 인도어과, 태국어과, 베트남어과, 신문방송학과

★ 관련 직업

증권 사무원, 법무사, 학자, 대학 교수, 회계사, 변리사 특허 관련 업무, 기자, 번역가, 아나운서, 방송 리포터, 관리직 사무원, 자금 담당 업무 , 속기사, 문서 정리, 사서

10. 실질 + 언어 + 응용

★ 관련 학과

경영학과, 경제학과, 소비자경제학과, 법학과, 문예창작과, 국어국문학과, 신문방송학과, 국어국문학과, 중어중문학과, 영어영문학과, 불어불문학과, 독어독문학과, 노어노문학과, 서어서문학과, 일어일문학과, 러시아어과, 영어학과, 화란어과, 이태리어과, 아랍어과, 포르투갈어과, 인도어과, 태국어과, 베트남어과, 신문방송학과

★ 관련 직업

증권 사무원, 법무사, 재무관리, 외환딜러, 회계사, 변리사 특허 관련 업무, 기자, 카피라이터, 연예 사회자, 번역가, 아나운서, 방송 리포터

11. 실질 + 사회 + 정돈

★ 관련 학과

경영학과, 경제학과, 호텔경영학과, 경영정보학과, 사회학과, 통계학과, 사회복지과, 심리학과, 특수교육과, 청소년지도학과, 비서학과

★ 관련 직업

증권 사무원, 호텔 경영인, 경영컨설팅, 직무분석가, 시장조사 전문가, 사회복지사, 상담가, 특수교육교사, 정신보건사업자, 상담심리학자, 임상심

리 전문가

12. 실질 + 사회 + 응용

★ 관련 학과

경영학과, 경제학과, 호텔경영학과, 경영정보학과, 전산정보학과, 통계학과, 사회복지과, 심리학과, 특수교육과, 청소년지도학과, 레크레이션과, 비서학과

★ 관련 직업

증권 사무원, 호텔 경영인, 경영컨설팅, 직무분석가, 시장조사 전문가, 통계학관련업, 통계학자, 사회복지사, 상담가, 특수교육교사, 정신보건사업자, 상담심리학자, 임상심리 전문가, 이벤트 전문가

13. 평가 + 감각 + 정돈

★ 관련 학과

경영학과, 경제학과, 경영정보학과, 천문학과, 우주과학과, 천문우주학과, 천문우주과학과, 의예과, 치의예과, 공업화학과, 토목공학과, 농공하과, 농화학과, 농생물학과, 식품공학과, 고분자학과, 환경학과, 환경생물학과, 섬유공학과, 컴퓨터학과, 컴퓨터공학과, 제어계측공학과, 전기공학과

★ 관련 직업

펀드매니저, 마케팅전문가, 직무분석가, 시장조사 전문가, 의사, 치과의사, 천문학자, 환경공학자, 화학자, 응용과학분야 종사자, 컴퓨터 그래픽 디자이너, 자동차 디자이너, 웹 디자이너, 컴퓨터 프로그래머, 시스템프로그래머, 컴퓨터 바이러스 치료사

14. 평가 + 감각 + 응용

★ 관련 학과

간호학과, 법학과, 경영학과, 미학과, 건축학과, 유전공학과, 응용미생물학과, 실내건축학과, 화학과, 생물학과, 분자생물학과, 미생물학과, 대기과학과, 전기공학과, 전자공학과, 제어계측공학과, 수의학과, 재료공학과, 금속공학과, 무기재료공학과, 섬유고분자공학과, 화학공학과, 기계공학과, 기계설계학과, 산업공학과, 자원공학과, 컴퓨터공학과, 조선 해양공학과, 광학공학과, 반도체학과, 생명과학자원과, 생화학과, 응용화학과, 전산과학과, 정보처리학과, 화학신소재학과, 기계설계공학과, 도시공학과, 전파공학과, 교통공학과, 컴퓨터학과, 정보통신공학과

★ 관련 직업

전문 경영인, 펀드 매니저, 마케팅 책임자, 미술품 감정사, 주류 시음사,

변호사, 판사, 건축가, 건축설계사, 간호사, 기계설계사, 신소재개발자, 응용과학분야종사자, 유전학자, 자동차 디자이너, 컴퓨터 프로그래머, 시스템프로그래머, 컴퓨터 바이러스 치료사

15. 평가 + 언어 + 정돈

★ 관련 학과

사회학과, 인류학과, 법학과, 생활과학과, 미학과, 예술과, 행정학과, 무역유통학과, 수학과, 계산통계학과, 농경제학과, 문헌정보학과, 정보통계학과, 세무회계학과, 천연자원경영학과, 응용물리학과, 경찰행정학과, 경찰대학

★ 관련 직업

전문 경영인, 정치인, 펀드 매니저, 마케팅 책임자, 품질 검사원, 변호사, 판사, 통계학자, 전산학관련업무, 경찰관, 자금 담당 업무, 도서관 사서

16. 평가 + 언어 + 응용

★ 관련 학과

철학과, 정치학과, 외교학과, 심리학과, 신문학과, 경영학과, 호텔경영학과, 관광경영학과, 무역학과, 목회학과, 경영정보학과, 국제통상학과, 경

제학과, 교육심리학과, 아동학과, 소비자아동학과, 수학과, 전산정보학과, 전산통계학과, 전자계산학과, 통계학과, 국사학과, 동양사학과, 서양사학과, 고고미술학과, 소비자경제학과, 사학과, 금융보험학과, 회계학과, 유통정보학과, 유통학과

★ 관련 직업

전문 경영인, 정치인, 호텔경영인, 펀드 매니저, 마케팅 책임자, 품질 검사원, 변호사, 판사, 통계학자, 전산학관련업무, 경찰관, 외교관, 종교지도자, 기자, 방송 리포터, 보험설계사, 금융업종사자, 교육심리학자, 아동학자, 수학자, 사학자, 출판사 편집인, 컴퓨터 프로그래머, 컴퓨터 시스템 설계가, 시스템 프로그래머, 컴퓨터 바이러스 치료사, 응용 프로그래머, 이벤트 전문가

17. 평가 + 사회 + 정돈

★ 관련 학과

철학과, 신학과, 정치학과, 외교학과, 심리학과, 신문방송학과, 경영학과, 무역학과, 목회학과, 경영정보학과, 국제통상학과, 경제학과, 사회복지과, 유아교육과, 특수교육과, 청소년학과

★ 관련 직업

전문 경영인, 정치인, 마케팅 책임자, 변호사, 종교지도자, 기자, 보험설계사, 금융업종사자, 사회복지사, 보육교사, 상담가, 특수교육교사, 비행청소년 선도관, 간병인

18. 평가 + 사회 + 응용

★ 관련 학과

철학과, 신학과, 정치학과, 외교학과, 심리학과, 신문방송학과, 경영학과, 무역학과, 목회학과, 경영정보학과, 국제통상학과, 경제학과, 사회복지과, 심리학과, 특수교육과, 청소년학과, 레크레이션과

★ 관련 직업

전문 경영인, 정치인, 마케팅 책임자, 변호사, 종교지도자, 기자, 보험설계사, 금융업종사자, 외교관, 사회복지사, 언어 치료사, 상담가, 정신보건사업자, 상담심리학자, 임상심리 전문가, 이벤트 전문가

19. 창의 + 감각 + 정돈

★ 관련 학과

공예과, 서양학과, 동양학과, 국악과, 기악과, 성악과, 무용과, 연극영화과, 회화과, 금속공예과, 음악과, 미술학과, 교회음악과

★ 관련 직업

예술가, 연예인, 배우, 패션 모델, 무용가, 메이크업 아티스트, 악기연주
자, 영화 세트 장식가, 악기 제조업자, 모형 조각가, 영상 기사, 비디오 촬
영 기사, 컴퓨터 그래픽 디자이너, 자동차 디자이너, 웹 디자이너, 방송 장
비 기술자, 디스플레이어

20. 창의 + 감각 + 응용

★ 관련 학과

의류학과, 산업디자인과, 조소과, 작곡과, 사진과, 장식미술학과, 의상학
과, 시각디자인과, 공업디자인과, 의류직물학과, 의상디자인과, 상업미술
과, 실내장식과, 환경조형학과, 건축학과, 국문학과, 문예창작과

★ 관련 직업

예술가, 패션 디자이너, 코디네이터, 무용가, 메이크업 아티스트, 인테리
어 디자이너, 건축가, 광고관련업, 영화 세트 장식가, 조각가, 화가, 모형
조각가, 디스플레이어, 사진 전문가, 카피라이터

21. 창의 + 언어 + 정돈

★ 관련 학과

신문방송학과, 실용음악과, 문예창작과, 광고홍보학과, 연극영화과, 국어국문학과, 중어중문학과, 영어영문학과, 불어불문학과, 독어독문학과, 노어노문학과, 서어서문학과, 일어일문학과, 러시아어과, 영어학과, 화란어과, 이태리어과, 아랍어과, 포르투갈어과, 인도어과, 태국어과, 베트남어과

★ 관련 직업

예술가, 연예인, 소설가, 배우, 작곡가, 대중 가수, 카피라이터, 연예 사회자, 번역가, 아나운서

22. 창의 + 언어 + 응용

★ 관련 학과

문예창작과, 광고홍보학과, 연극영화과, 실용음악과, 신문방송학과, 국어국문학과, 중어중문학과, 영어영문학과, 불어불문학과, 독어독문학과, 노어노문학과, 서어서문학과, 일어일문학과, 러시아어과, 영어학과, 화란어과, 이태리어과, 아랍어과, 포르투갈어과, 인도어과, 태국어과, 베트남어과

★ 관련 직업

예술가, 연예인, 소설가, 배우, 작곡가, 대중 가수, 카피라이터, 연예 사회자, 번역가, 아나운서

23. 창의 + 사회 + 정돈

★ 관련 학과

연극영화과, 의상디자인과, 의상학과, 사진학과, 레크레이션과, 국문학과, 문예창작과, 실용음악과, 작곡과, 무용과

★ 관련 직업

예술가, 연예인, 소설가, 배우, 패션 디자이너, 코디네이터, 패션 모델, 작곡가, 무용가, 메이크업 아티스트, 대중 가수, 헤어 디자이너, 이벤트 기획

24. 창의 + 사회 + 응용

★ 관련 학과

연극영화과, 의상디자인과, 의상학과, 사진학과, 레크레이션과

★ 관련 직업

예술가, 연예인, 배우, 패션 디자이너, 코디네이터, 패션 모델, 의상 디자이너, 메이크업 아티스트, 대중가수, 사진 전문가, 이벤트 기획

외국의 영재판별과
교육은 어떤 것일까?

아무래도 우리나라보다 먼저 영재성에 주목하고, 또 학문적인 영재아 외에도 다양한 재능을 가진 영재아가 존재한다는 사실을 연구 결과로 확인한 외국의 경우를 보면 많은 시사점을 얻을 수 있다. 그중에서도 영재교육을 실시하고 있는 외국의 영재학교에서 영재를 어떻게 판별하는지와 어떻게 영재교육을 하는지 간단하게 살펴보자.

뉴욕의 Anderson 영재학교

1987년에 설립된 이 학교는 유치원에서부터 초등학교 5학년까지의 과정이 있는 시립 영재학교이다. 12개 학급으로 구성되어 있으며 전체 학생은 300명 정도이다. 영재판별은 지능검사, 관찰 그리고 각종 활동을 통하여 판단하며, 상위 3%에 속하는 학생에게 입학자격을 부여한다. 그 외에도 가정환경, 성장과정, 주변인의 추천 등의 종합적인 결과를 보충자료로 이용하고 있으며, 초등학교 수준에서 입학은 교사의 추천서를 중요한 기준으로 삼고 있다.

교육과정은 아이들이 각자의 지식수준과 사고방식, 그리고 자기의 관심에 걸맞은 교육을 받을 수 있도록 교육환경을 최대한 배려했을 뿐만 아니라 각자의 적성과 흥미에 따라 아이들에게 맞는 교육을 통해 잠재력을 최대한 발휘할 수 있도록 교육과정의 틀을 만들고 있다. 교육과정의 운영은 뉴욕시의 기본 교육과정을 3개월 정도에 끝내고 그 나머지 시간은 Anderson 프로그램의 핵심 영역인 창의성 증진을 위한 학습활동과 정서적이고 도덕적인 측면에 관심을 두고 있다. 임용되는 교사는 석사학위 이상과 영재교육과 관련된 학점을 이수해야 하고 2~3년의 교사경험이 요구되고 있다. 한 학급의 학생 수는 20여명 정도이며 한 학급에 배당된 교사는 수업에서 다루어지는 내용과 학급의 크기에 따라 3명 정도이다. 교사는 주 교사와 보조교사로 구성되어 있으며 주 교사는 전체학습을 이끌고, 보조교사는 학생들의 학습을 1대1의 형식을 취하고 있으며 교사 위주보다는 학생 위주로 수업이 진행된다.

이 학교는 영재의 판별여부가 입학초기에 되는 것이 아니라 학년이 올라갈 때마다 기준이 더욱 강화되어 좀 더 심화된 수준으로 이루어진다. 학년이 올라갈수록 학생들은 자신의 적성과 흥미에 따라 자신들이 그 분야에 투입되는 시간이 많아진다. 즉 아이들은 언어방, 수학방, 과학방, 음악방 등으로 나누어진 교실 중 자기가 원하는 교실에 가서 스스로 재미있게 시간을 보내고 학습한다.

1870년에 설립된 뉴욕의 Hunter 영재학교는 유치원부터 중등학교 과정까지 있는 미국의 대표적인 공립영재학교이다. 전체 학생은 1,560명이며 유치원과 초등학교 과정이 360명이고, 중등학교 과정이 1,250명이다. 이 학교의 특징은 영재를 판별할 때 다양한 방법을 통하여 시도하고 있으나 주된 기준은 지능지수이다.

지능지수 상위 5%를 기준으로 하여 영재를 선발하되, 과제집착력 · 성취동기 · 창의력 검사의 결과점수가 보충자료로 이용되고 있다. 영재판별 시기는 대부분 만 4세이었으며 이 때 영재아로 판별된 후 특별한 이유가 없는 한 고등학교까지 그 학교를 다니게 된다.

이 학교는 각 학년에 해당하는 교육과정이 2~3개월 동안에 끝나면, 이후 7~8개월 정도는 Hunter 영재학교에서 자체적으로 개발한 창의성,

문제해결, 개별연구과제를 학습하게 한다. 한 학급의 학생 수는 20여명부터 25명 정도이며, 한 학급에 배당된 교사는 수업 내용과 학급의 크기에 따라 2명에서 5명 정도이다. 교사들은 학생들의 자유로운 창의적 활동으로 생산된 학습결과물과 교사와 학생 간의 1:1의 상호과정을 통하여 학생의 창의성을 최대한 키우고자 노력을 한다. 그리고 주로 학생들을 돕는다는 측면에서 학생들의 활동을 관찰하고 있으며, 학생들 각자는 자신의 창의성을 스스로 길러가는 모습을 보인다.

이 학교에서 교육을 받은 학생들 중 90% 이상이 주로 자기가 관심이 있는 영역의 전문가로서 사회활동을 한다. 이 학교 출신자들의 특징 중 하나는 전문적인 각 분야에서 창의적인 지적 결과를 생산하고 있으며, 풍요로운 정서와 삶의 의미를 깊이 느끼고 있다는 것이다.

이스라엘의 영재교육

이스라엘의 대표적인 영재교육학교는 텔아비브 학교와 하이파 학교이다. 이들 학교에서 영재아를 선발하는 방법은 7~8세의 어린이 전부에게 시험을 실시하여 상위 25% 이내인 아이를 1차로 선발한 후 2차 시험을 실시하여 그 중에서 상위 1.5% 이상인 아이를 영재교육 대상자로 한다. 이들의 교육목표는 지능이나 사고능력을 개발하고 발견이나 탐구를 통하여 어린이들이 학습하는 기회를 마련하는 데 있다. 또한 아이들이 창조적인 사고를 하도록 유도하며, 사회적인 책임감을 의식하도록 이끄는 교육목표를 설정하였다.

선택된 2개의 외국어 교과를 공부해야 하고, 과학, 수학, 또는 음악 과목에서 학습 강화 프로그램을 지도하는 것이 특징이며, 지도방법은 전통적이고 고정적인 교수방법이 아니라 교사가 융통성을 가지고 다양한 접근을 시도하고 있다. 특히 이 학교에서는 강화프로그램을 강조하고 있는데, 이 프로그램은 정규시간 외의 특별활동 방식으로 지도하고 있다. 주로 영재성을 키우기 위한 교육은 학습 강화 프로그램에 의존한다. 이 밖에도 이스라엘 영재교육은 학교가 아닌 다양한 기관을 통해서 이루어지고 있다.

대만의 영재교육

대만은 지능이 우수한 학생, 음악과 미술에서 뛰어난 아동도 특수반을 편성해서 교육한다. 대만에서는 IQ 130 이상의 지능우수 아동, 그리고 음악 · 미술에서 특수재능을 가진 아동, 지능 우수아동^{영재}의 교육에 관심을 두고 있다.

대만에서 영재교육에 관심을 갖는 것은 국가에서 필요한 뛰어난 인재를 확보하기 위한 것이다. 영재아 판별은 교사의 관찰을 통해서 주의력이 깊고, 학습속도가 빠르며, 독서력과 자기 표현력이 우수하며, 환경처리 능력과 당면한 문제의 해결능력이 뛰어난 아이 등을 판별하는 방법, 또한 학교의 평소성적이 우수한 아이, 그리고 단체용 〈일반 지능검사〉와 〈개별 검사〉를 실시해서 IQ 130 이상의 아동을 선정함으로써 이루어진다.

영재아의 교육방법은 크게 세 가지로 나누어지며, 첫째는 능력별 반편성, 둘째는 학습가속 방법, 셋째는 학습내용의 심화이다. 구체적으로 능력별 반편성은 IQ 130 이상과 학업성적이 우수한 아동들끼리 반을 만들거나 학교조직상 특수반을 만들지 못할 경우에는 학급 내에서의 분단편성 같은 것을 하도록 권장하는 방법이다. 그래서 교사의 창의적 방법이 중요하며, 국어 · 산수 중 교과별 분단학습도 가능하다. 또한 학습가속 방법인 속진을 통해 능력이 우수한 학생에 대해 소속 학년에 구애받음이 없이 학습 진도에 따라 상급학년 과정을 학습시키게 하고 있다. 이 속진방법은 유치원 원아 중 국민 학교 과정을 이수할 수 있는 능력과 준비가 갖추어진 아동을 초기 입학시키며, 한 학년의 과정을 빨리 학습해서 상급학년에 올라가도 따라갈 뿐 아니라 앞서나갈 수 있다고 생각되는 아동에게는 월반을 허용하고, 우수아들에게는 국민 학교 6년 과정을 3년이나 4년간에 습득시키는 방법이다.

학습내용의 심화에서는 지식과 기능을 넓고 깊게 습득하게 하고 동시에 특수흥미를 발휘하게 하며, 사물을 더욱 깊이 연구하게 하여 표현과 창조적 재능을 발휘하도록 한다. 전 교과목에서 균형된 발전을 하도록 하며, 특정 학과목에 대해서는 집중적으로 깊이 파고들게 하여 그 과목에서는 더욱 앞으로 진보하게 하고, 보충적인 학습기회를 제공해주는 방법이다.

★★★

위의 네 학교에서 보여준 특징은 영재판별 방법에서 다양한 방법을 활용하려는 시도와 영재 판별은 상위 3~5%로 하고, 그 방법은 주로 지능검사라는 점이다. 하지만 지능검사 외에 다양한 방법들 즉 관찰, 가정환경, 성장과정, 집착력, 성취동기, 창의력 검사의 결과 점수가 보충자료로 이용되고 있다는 점이 영재판별의 다양한 접근이 왜 필요한가를 보여준다.

그리고 무엇보다 중요한 것은 개인이 가지고 있는 적성을 강조한다는 점이다. 그리고 학년이 올라갈수록 아이들은 각자의 적성과 흥미에 따라 자신들이 그 분야에 많은 시간을 보내고 있으며, 음악방이나 수학방 등 전문적인 교육과정을 선택할 수 있도록 한다. 이는 영재판별이 아이들의 성장에 따라 세분화되고 있음을 보여준다. 특히 무학년제, 즉 학년의 구분이 없기 때문에 아무리 조숙성을 보이더라도 수준에 맞는 아이들끼리 나이에 상관없이 함께 어울릴 수 있도록 하고, 개인이 가지고 있는 영재의 특성을 최대한 지원해주는 것이 눈에 띈다.

외국의 영재판별이나 교육이 다 맞다고 볼 수는 없으나 다양한 시각에서의 접근과 영재아의 개인에 맞는 교육의 실시는 공통된 내용이다. 이런 점을 감안한다면 우리나라의 부모 역시 가정에서 아이를 살펴볼 때 지능뿐만 아니라 다양한 행동을 눈여겨보고 아이에 맞는 환경을 어떻게 조성해줄 것인가를 생각해봐야 할 필요가 있다.

우리나라의
영재교육기관 소개

우리나라의 영재교육은 개인의 타고난 잠재력을 계발하여 소질을 최대로 발휘하게 하는 개인적 차원의 목적과 국가의 경쟁력 강화를 위한 국가적 차원의 이익을 위한 것으로 1999년 영재교육진흥법을 제정하여 이를 실천하고 있다. 현재 우리나라 영재교육은 주로 수학, 과학 분야를 중심으로 이루어지고 있으며, 언어, 음악, 사회인문사회, 정보과학, 예체능 등 다양한 분야로 확대해 나갈 예정이다.

 **16개 시·도교육청에서 실시하는 영재교육**

2006년 10월 기준 전국 16개 시·도 교육청에서 총198개 영재교육원

을 설치 · 운영하고 있으며, 총 24,443명의 학생이 교육을 받고 있다. 학교 급별 총학생수의 지도 영역의 비율을 살펴보면, 초등학교 급에서는 11,005명, 중학교 급에서는 12,801명, 고등학교 급에서는 637명이다. 좀 더 자세한 정보는 각 시 · 도 교육청 홈페이지를 참고하기를 바란다.

서울특별시

서울시 교육청에서는 7개 영역의 다양한 분야에서 영재교육을 실시하고 있으며, 소외계층을 위한 영재교육을 예술영역부터 추진하고 2010년까지 15,000명 이상으로 영재교육 대상자를 늘려갈 예정이다. 한미영재교육 심포지엄 개최 등 영재교육 전문성 신장을 위한 노력을 하고 있다.

국가발전에 필요한 소수의 창의적 인력을 조기에 발굴 육성하고, 보편성 교육에 따른 보완책으로 능력에 맞는 교육의 기회를 제공하며, 수월성교육을 통한 학부모의 사교육비 경감을 목표로 한다. 또한 21세기 지식 정보화 세계에서 국가 간 경쟁의 선봉에 설 인재 육성을 영재 교육의 목적으로 하며, 이를 통하여 영재학생 조기 발굴 및 교육기회 확대, 영재들의 창의성 및 잠재능력 개발, 개인의 자아실현 및 국가사회발전에 기여, 지식정보화시대의 리더 양성, 수월성 교육에 대한 욕구 수용으로 사교육비 감소 유도, 평준화제도의 단점을 보완 하고자 한다.

현재 경복고^{작곡}, 신목고^{성악}, 용산고^{미술}, 청량고^{미술}, 반포고^{미술}, 수도여고^{미술}, 서울국악예술고^{한국음악, 음악연극}등에서 영재학급이 운영되고 있으며, 수학, 과학 영재를 위한 영재교육원은 지역교육청별로 11개, 학급단위로는 초·중등을 합해 132학급에서 영재교육이 이루어지고 있다. 정보·예술분야의 지역교육청 부설 영재교육원은 11개 교육청에 초·중등을 포함해 22개 학급에서 운영되고 있다.

그 밖의 직속기관 및 특목고 부설 영재교육원은 서울과학전시관, 서울과학고, 한성과학고, 선린 인터넷고, 서울예술고, 선화예술고, 국악고 등에 설치되어 있다. 대학부설 영재교육원은 서울대학교, 서울교육대학교, 연세대학교 등에서 운영된다.

★ 교육청 홈페이지 http://www.sen.go.kr/

인천광역시

인천광역시에서는 영재를 조기 발굴하여 잠재능력 계발을 촉진시키고, 미래 고급인적자원을 육성하며, 공교육 내실화를 이루려는 목표 하에, 사이버영재교육, 소외계층 영재교육, 교원 전문성 신장, 기초·심화·국외연수 3단계 연수시스템 구축·운영, 영재교육워크숍 개최 등 프로그램 운영 내실화를 꾀하고 있다.

인천광역시 교육청은 10대 역점 추진사업 중 하나로 수월성제고를 위한 영재교육활성화를 추진하고 있다. 사업의 일환으로 창의성 계발 프로그램 운영과 체험탐구 중심의 과학교육을 통해 창의적 탐구능력을 신장시키며, 영재교육운영으로 잠재능력의 계발 촉진과 미래 고급인적자원 육성하기 위해 창의성교육중심학교 5개교, 발명교실 운영 9개교를 운영하고, 탐구ㆍ실험중심의 과학교육강화를 위해 실험실 현대화[52개교], 과학교육 선도학교 운영[3개교], 과학교육실[12개교] 및 과학 동아리[14개교] 지원을 실시하고 있다. 이 밖에도 소외계층 학생을 위한 과학체험프로그램 운영, 장애우와 함께하는 과학놀이마당, 방과 후 교육활동을 통해 영재교육의 기회를 폭넓게 제공하고 있다.

이러한 영재교육을 통해 달성하고자 하는 효과로 영재교육 기회 확대 및 우수인재 양성과 3단계 연수시스템 구축ㆍ운영을 통한 영재교육 담당교원의 전문성 신장, 그리고 영재교육기관 평가로 영재교육의 교육력 및 경쟁력 제고 등을 제시하고 있다.

현재 인천광역시에 소재한 영재교육원은 남부영재교육원, 북부영재교육원, 동부영재교육원 등의 교육청관할 기관이 있으며, 그 외에 학교 부설 영재교육원은 인천과학고등학교 부설 과학영재교육원, 인천대학교 부설 과학영재교육원이 운영되고 있다.

★ 교육청 홈페이지 http://www.ice.go.kr/

부산광역시

부산광역시에서는 한국과학영재학교의 영재 교육활동에 대한 연구 · 개발 지원으로 세계수준의 과학영재교육 구현 도모하고 있다. 전국 유일의 한국과학영재학교와 수학, 과학, 정보, 창작 등 9개 영역의 13개 영재교육원 운영, 영재교육 프로그램 및 연수 지원을 위한 부산영재교육진흥원을 운영하고 있으며, 영재교육기관의 내실화를 위해 기관별 특화 및 담임 책임 지도제를 채택하고 있다. 영재교육 담당교원의 전문성 신장을 위해 3단계 연수, 영재교육연구회, 세미나, 영역별 워크숍 등을 활성화 하고 있다.

현재 부산광역시에서 운영하고 있는 영재교육기관은 정보영재교육원^{부산광역시 교육정보원 운영}, 과학영재교육원^{부산광역시 과학교육원 운영}, 장영실과학고 영재교육원^{장영실 과학 고등학교 운영}, 예술영재교육원^{부산광역시 학생교육문화회관 운영}, 부산대학교과학영재교육원^{부산대학교 운영, 언어영재교육원(부산국제고등학교 운영)}, 초등영재교육원^{부산광역시 어린이 회관 운영}, 그리고 각 부산지역 교육청에서 운영하는 영재교육원 등 13개의 영재교육원에서 교육이 이루어지고 있다.

기대하는 효과에 대해 부산광역시 과학영재교육원에서는 한국과학

영재학교의 교육활동에 대한 현안 문제 등을 효율적으로 개선함으로써 학교운영의 효율성을 높이고 영재 교육과정 운영, 학생 인성교육, 대학 진학지도를 위한 다양한 프로그램을 개발 지원함으로써 교원들의 교육활동을 활성화시키고 있다. 또한 과학 영재교육에 관한 정책 및 현안문제 연구개발 지원 체제 구축으로 한국과학영재학교가 세계적 과학 영재교육기관으로 성장·발전하는데 기여하는 것으로 제시하고 있다.

★ 교육청 홈페이지 http://www.pen.go.kr/

경기도

경기도 교육청은 25개 전 지역 교육청에 초·중등 영재교육원 설치 및 84교의 영재학급 설치교를 운영하여 학생들의 영재성 계발 기회 확대에 힘쓰고 있으며, 또한 Reach-Out 프로그램 운영 영재교육원을 2원 7학급 운영하고 있다. 권역별 거점 영재교육원을 지정하여 권역별 담당교사 공동 연수 및 제1회 영재교육프로그램 발표대회, 산출물 발표대회를 실시하여 담당교사의 전문성 향상과 정보제공의 장을 제공하고 있다. 경기과학교육원, 아주대학교, 한국교육개발원, 이스라엘 오프리 영재센터에서 실시하는 연수에 총 472명에게 직무연수의 기회를 부여하여 우수 담당교원을 양성함으로써 질 높은 영재교육과 내실화에 힘쓰고 있다.

또한 도교육청은 2009년 개교 목표로 도내 영재들을 대상으로 한 수학 및 과학 영재학교^{고교} 설립을 검토 중이며, 현재 0.63%에 불과한 도내 영재교육 수혜율^{전체 학생 중 영재교육을 받는 학생 비율}을 2009년까지 1.8%로 3배 가까이 확대할 방침이다.

도교육청에서 운영하는 경기과학교육원은 과학 분야에 재능이 뛰어난 학생을 조기에 발굴하여, 능력과 소질에 맞는 교육을 통해 과학적 창의성을 지닌 인재를 육성함으로써 개인의 자아실현을 도모하고 국가·사회의 발전에 기여하게 함을 목적으로 한다. 과학적 창의성 계발을 위한 영재교육 실시를 위해 과학^{물리, 화학, 생물, 지구과학}분야에서 고등학교 영재 학생을 선발하고 있으며 106시간의 공통[32], 심화[32], 프로젝트[42]과정을 제공하고 있다. 그 밖에 각 교육청 별로 수원, 성남, 안양, 부천, 광명, 안산 등 20여 개의 영재교육원이 운영되고 있으며, 아주대학교, 대진대학교, 경원대학교에 부설 과학영재교육원이 설치되어 있다.

★ 교육청 홈페이지 http://www.ken.go.kr/

대전광역시

대전광역시 교육청에서는 학교단위영재학급, 지역교육청 및 직속기관영재교육원, 대학영재교육원으로 연결되는 영재교육의 연계성을 확보하고, 지역공동단위를 14개 권역으로 구분하여 실시함으로써 지역 간의 형평성을 유지하고 있다. 영재교육 담당교사 동호회 3개를 구성 운영하여 영재교육 자료 개발 및 정보 공유하며 특히 유소년단영재교육동호회를 운영하여 영재 조기발굴을 꾀하고 있다.

평준화 제도 하에서 우수 학생들에 대한 수월성 교육의 필요성 증대와 학생들의 학습할 권리 부여하고 「국가경쟁력 제고」라는 국가적인 측면과 「형평성 제고」라는 개인적인 측면을 고려하여 학생들에게 학습기회 부여한다는 목적으로 영재교육정책연구학교의 운영, 영재교육기관의 운영을 실시하고 있다.

영재교육 정책연구학교는 단위학교에 적합한 영재교육 프로그램 개발 및 적용을 위해 선정하며 영재교육 교수·학습자료 개발, 영재 판별도구의 적합성 확보, 영재학급 모델 정립, 영재교육 프로그램의 일반화 및 자료의 공유 등을 그 내용으로 한다. 학생들은 재량활동 및 클럽활동시간에 이러한 프로그램을 접하게 되며, 현재 운영되는 학교는 송촌초교육부지정, 삼천중시지정, 구즉초, 장동초, 기성초, 학하초, 지족중, 동신중, 과학고 등이 있다. 또한 유소년 영재 조기 발굴·육성을 위해 유소년 영재교육 지원단 운영하여 유소년 영재 진단 및 학부모 상담상담카드 관리, 유소년 영재교육 프로그램 개발 및 운영, 영재교육 관련기관과의 유기적인 협조 및 영재아

연계 교육 안내 등을 제공한다.

대전 및 충남지역의 영재교육원에는 대전광역시 동·서부 교육청 영재교육원, 대전교육과학연구원 영재교육원, 대전교육정보원정보영재교육원, 공주대학교 과학영재교육원, 충남대학교 과학영재교육원 등이 있다.

★ 교육청 홈페이지 http://www.dje.go.kr

경상북도

과학영재에게 대학 교수 및 연구소 연구원의 전문지도 및 연구소의 첨단시설 설비를 활용한 교육을 받을 수 있는 기회를 제공함을 목표로, 5개 대학교와의 협력관계를 맺은 후, 미래 과학자 양성 프로그램을 운영하고 있다. 그 밖에도 세계 유수 영재교육 프로그램의 도입, 적용을 위한 연수를 실시하고, 영재교육 페스티벌을 개최하는 등 영재교육 활성화를 위해 노력하고 있다.

경상북도 교육청에서는 영재 교육 전담팀 구성·운영함으로써 지역교육청과 연계하여 타 기관으로 이관하고, 영재교육정책 연구 및 자료 개발과 보급에 힘쓰고 있다. 또한 영재교육대상 및 영역을 확대하여 전체 학생 대비 1%가 교육을 받을 수 있도록 하며, 교육 영역을 언어, 인문사회, 예체능 등으로 확대하고 소외 지역 계층의 선발을 확대하고 있다. 탐구, 체험,

과학 교육의 강화를 위해 과학교실과 과학 동아리를 30개교에 지원하고 있고, 19개소의 발명교실을 운영하여 발명·환경 교육에 충실하고자 한다.

경상북도 과학영재교육원은 과학 영역의 영재를 조기에 발굴하여 개인의 자아실현 및 국가 경쟁력 제고에 기여하고 과학적 창의력과 인간적인 품성을 겸비한 지도자적 자질 함양, 과학의 기초적인 핵심 개념을 이해하고 창의적 사고력, 탐구 중심의 문제해결력 신장을 위해 설립되었으며, 초·중·고 과학영재를 위한 학급을 운영하고 있다. 주요 프로그램은 렌쥴리의 삼부심화 학습모형으로 구성되어 있으며, 심화를 강조하며 프로젝트 과제 해결과 STS적 과제 해결에 중점을 두고 있다. 지원은 추천을 통해 가능하며 논리적 추론 능력 및 영재 특성 조사[KEDI] 실시, 과학 영재성이 있으며, 과학 성적이 상위 3% 이내인 자 등에 추천자격이 주어진다. 과학영재 판별 검사인 과학 창의적 문제해결력 검사와 과학 관련 대회 수상 실적을 통해 2단계 전형을 통과하면 3단계 실험 평가 및 심층 면접을 통해 선발된다.

★ 교육청 홈페이지 http://www.kbe.go.kr/

대구광역시

영재교육 교사의 현장수업 사례중심 연수 실시로 연수의 효과를 극

대화하고 교수·학습 모형 현장 적용 프로그램을 독자적으로 개발·보급하고 있으며, 대구예술영재교육원 운영 내실화를 통해 세계적인 예술인을 발굴· 육성할 계획이다.

대구교육청은 4개 지역교육청별로 영재교육원을 운영하고 있으며 초등학교 4학년에서 중학교 2학년 학생을 대상으로 3단계 평가를 거쳐 선발한 영재교육 대상자는 동부·서부·남부교육청 각 3백명, 달성교육청 1백명 등 총 1천여 명에 달한다. 영재교육원은 미래사회를 주도할 영재육성 및 영재로서의 조화로운 품성 함양을 목표로 초등학교 4, 5학년은 수학, 초등학교 6학년 및 중학교 1, 2학년은 수학, 과학 영역을 중심으로 학년별 60명 3학급, 달성교육청은 학년별 20명씩 1학급 씩 운영한다.

과학영재교육원이 대부분인 전국에서 최초로 개원한 대구예술영재교육원은 음악, 미술 분야 영재교육대상자를 선발·교육한다. 지원 자격은 해당 학교장의 추천을 받은 대구지역 초·중학생으로, 음악 부문 개인 실기, 관현악단, 합창단, 미술 부문 회화, 창작공예, 디자인을 선발한다. 음악 부문 전형은 1차 전공 연주 및 면접, 2차는 청음, 시창, 초견 연주, 음악적 창의성 테스트 등이며, 미술 부문은 1차 실기, 2차 면접에 의해 선발하고, 음악, 미술 모두 1차 전형에서 정원의 1.5배수를 뽑는다.

★ 교육청 홈페이지 http://www.dge.go.kr/

2006년 10월 기준 전국적으로 총 30개 과학영재교육원이 지정·운영되고 있으며, 초등과정은 과학에서 1001명, 수학에서 940명, 정보과학에서 340명, 총 2,281명을 대상으로 27개 대학교에서 실시되고 있다. 중등과정은 과학에서 2684명, 수학에서 936명, 정보과학에서 435명, 총 4,057명을 대상으로 25개 대학교에서 실시되고 있다. 이 밖에 고등학생을 대상으로 하는 1개의 대학부설 교육원에서는 126명을 교육하고 있다. 좀 더 자세한 정보는 각 대학 홈페이지를 참고하기를 바란다.

서울대학교 과학영재센터

서울대학교 과학영재센터에서는 과학기술부와 과학재단의 도움을 얻어 서울 지역의 중학교 학생을 대상으로 연세대학교 과학영재센터와 함께 과학 및 정보 영재를 발굴하고, 양성하여 우리나라의 첨단 과학 및 과학 기술 인적의 개발을 목표로 한다. 체계적인 영재교육을 통하여 사교육비의 절감 효과를 학부모들에게 제공할 수 있으며, 새로운 교육모델을 제시할 수 있을 것으로 기대된다.

영재교육은 심화와 속진을 기반으로 하고 있으나 영재교육에서 문제로 대두되는 것들 중의 하나는 지적발달과 정서적 발달 간의 불균형이다. 따라서 본 센터의 교육은 속진보다는 심화에 그 강조점을 두고 과학 영재들에게 다양한 심화 학습의 기회를 부여함으로서 그들의 창의적이고 안정된 자아 개발을 돕는다. 또한 학교에서는 경험할 수 없는 다양하고 새로운 심화프로그램을 제공함으로서 학생들의 지적 호기심과 능력을 개발한다.

선발 분야는 수학, 정보, 과학, 물리, 화학, 생물, 지구과학이며, 모집인원은 각 분과별로 15~20명 내외이다. 선발대상은 수학[1], 정보[1], 과학 기초반은 서울 지역 내 초등학교 6학년 재학생, 물리, 화학, 생물, 지구과학은 서울 지역 내 중학교 1학년 재학생만이 해당된다. 자격조건은 학교장의 추천으로 이루어지며, 서울대학교 과학영재교육센터 주관 창의적 문제 해결력 검사를 통해 1차 전형 합격자가 선발된다. 2차 전형은 면접으로 이루어진다.

★ 주소 서울특별시 관악구 신림동 산 56-1. 서울대학교 과학영재센터 (10-1동 201호)
★ 홈페이지 http://gifted.snu.ac.kr/

서울교육대학교부설 과학영재교육원

초등학교에서의 과학영재 교육은 매우 의미 있는 사업의 하나로 국가 사회적으로 해결해야 할 커다란 과제라 할 수 있다. 이에 서울교육대학교부설 과학영재 교육원에서는 초등학교 4~6 학년을 대상으로 과학 영재를 발굴하여 미래의 훌륭한 과학 영재로 키우기 위해 영재의 적성과 능력, 탐구 능력, 문제 해결력, 과학적 사고력, 창의력이 뛰어난 학생을 선발하고, 과학 탐구의 체험을 보다 풍부하게 제공할 수 있는 프로그램을 운영하고 있다.

과학 영재를 조기에 발굴하기 위하여 영재 선발 고사에서부터 학교장 추천을 통하여 평소 영재성이 있는 학생 중에서 과학적 기초 소양과 함께 문제 해결 능력, 과학적 사고력, 창의력이 뛰어난 학생을 우선적으로 선발한다. 그리고 교육 과정을 통하여 과학의 지식보다는 문제 해결 방법, 탐구 방법과 절차, 과학적 사고력을 육성할 수 있는 프로그램을 개발하여 적용한다.

모집 분야는 초등수학 분야, 초등과학 분야, 초등정보 분야로 각 입학정원은 40명[20명 2개반], 60명[20명 3개반], 20명[1개반]이다.

지원 자격은 서울특별시 소재 초등학교의 2006학년도 3 · 4 · 5학년 재학생으로서 소속 학교의 교원[교사, 교감, 교장] 또는 자연계열 대학 교수의 추천을 받은 학생으로 각종 경시대회의 입상 경력과 관계없이 지원할 수 있고, 장관상 이상의 상이 주어지는 수학, 과학, 정보 경시대회에서 최상위 입상한 자는 2차 전형을 면제받을 수 있다.

★ 주소: 서울특별시 서초구 서초동1650번지 구과학관 3층.
★ 홈페이지: http://genius.itank.net

인천대학교부설 과학영재교육원

1998년에 인천대학교 내에 설립된 과학영재교육원으로 과학 영재의 조기 발굴과 우수한 과학 인력의 양성을 목표로 우수한 교수와 강사진 그리고 최첨단 기자재를 이용하여 탐구 학습과 실험·실습 위주이 교육을 실시한다. 고등 영재교육뿐만 아니라 초등영재의 발굴과 육성을 위해 사이버영재교육을 개발하여 더 많은 학생들에겐 인터넷상에서 영재교육에 참여할 수 있는 기회를 제공하고 있다.

모집 분야는 수학, 물리, 화학, 생물, 정보과학이며, 각 분야별로 20~36명 내외로 선발한다. 선발조건은 인천광역시내 중학교 1학년에 재학 중인 학생으로 성적의 석차백분율이 상위 10%이내인 학생, 영재교육원에서 이미 수료한 적이 있는 학생, 인천 시 교육청 초등영재학급 수료예정자, 온라인 영재교육사이트 아이셉클럽의 성적 우수자, 초등학교 6학년과 중학교 1학년 재학생 중 전국규모이상의 각종 수학, 정보, 과학 발명품 경진대회, 탐구대회에서 수상경력이 있는 자 등 각 전형방법에 따라 다양하다. 선발과정은 1차 전형에서 과학적 탐구능력 검사가 이루어지며, 2차 전

형에서 창의적 문제해결력 검사, 3차 전형은 2차 전형점수와 심층면접을

통해 이루어진다.

★ 주소 인천광역시 남구 도화동 177번지 인천대학교 과학영재교육원
★ 홈페이지http://www.isepclub.com/

경북대학교부설 과학영재교육원

경북대학교 과학영재교육원의 목적은 지역의 과학 영재들에게 튼실

하고 연계성 있는 과학과 수학 분야 영재 교육의 토대를 제공하는 데 있

다. 과기부 지정 과학영재교육원 중 하나로 무료 교육 실시를 원칙으로 하

여 운영되고 있으며 과학과 수학 분야에 지속적인 관심과 흥미를 유발, 확

장시켜 창의적이고도 확산적인 사고력증진을 위한 교육을 제공한다.

상기 교육원에서는 기존의 주입식 교육을 탈피하고, 우수한 교수진

과 풍부한 기자재, 잘 갖추어진 교육 환경을 십분 활용하여 실험과 탐구

중심의 초. 중등학교 과학영재 교육을 실시하고 있다. 정규적인 교육 이외

에도 국내외에서 개최되는 다양한 과학영재 대상 캠프 프로그램 일본, 호주, 미

국, 러시아 등과 대회 KYST, KJSO, IJSO 등에 참여할 수 있는 기회를 제공하고 있으

며, 과학 영재들을 위한 특수 영어교육 실시, 유아와 초등 저학년들을 위

한 영재반 신설 등을 통하여 영재교육의 방식을 다양화하고 수혜 기회를

지속적으로 확대해 나갈 계획이다.

모집분야의 각 전공별 응시 대상자에 해당하는 학생 중에 수학, 과학 분야에 뛰어난 영재성과 잠재력이 있다고 인정되는 학생으로서 학교장의 추천^{중학사사과정 지원자의 경우는 영재교육원장의 추천}을 받은 자가 지원할 수 있으며 서류 심사를 통해 합격 된 자에 한해 지필검사에 응시할 자격이 주어진다. 서류심사 합격 후 1차 과학 영재성 및 창의성 검사, 2차 기초 수학능력 평가, 3차 기본지식 및 과학탐구능력 평가, 창의적 문제 해결력 검사, 3단계 실험평가 및 심층면접을 통해 선발된다.

★ 주소 대구광역시 북구 산격동 1370번지 사범대학 구관 102호
★ 홈페이지 http://www.seigy.org

순천향대학교부설 영재교육센터

순천향대학교 영재교육센터는 1998년 신설되어 언어영재, 수학영재, 과학영재, 예술영재의 교육에 주력하고 있다. 과학영재교육원사고력과 창의성과 관련된 언어, 수학, 과학의 문제해결능력 계발, 영재들의 관심영역과 흥미를 조기에 찾아 타고난 잠재력 극대화, 속진학습과 심화학습을 통해 관심 분야의 적성 계발을 교육목표로 하고 있으며, 특히 미국 퍼듀대학교의 영재교육체계를 전수하여 천안, 아산, 예산 지역사회의 유아, 초등,

중등학생을 대상으로 영재교육을 실천하고 있다.

퍼듀대학교 영재교육 3단계 모형이란 1단계에서 영재학생의 수렴적 사고와 확산적 사고를 길러주고, 2단계에서는 1단계를 기초로 창의적 문제 해결 능력을 길러주며, 3단계에서는 독립적인 탐구를 할 수 있게 만드는 프로그램이다. 본 프로그램은 유치원^{6세}부터 중학교 2학년^{15세}까지 10년간을 단계적으로 진행하도록 구성되어 있다. 본 교육프로그램은 퍼듀대학교 영재교육 3단계 모형을 기초하되 유·초·중 정규학교 교육과정과 연계하여 심화와 속진을 동시에 달성할 수 있도록 구성되어 있다. 본 교육프로그램은 언어, 수학, 과학의 세 가지 교과를 탐색함으로서 통합교과 형태를 지향하는 프로그램이다. 또한 4학년 이상의 학생은 논리수학과 과학실험에 참여함으로써 더욱 구체화된 논리적 사고 능력과 창의적인 문제 해결능력을 키울 수 있다. 본 프로그램은 학습목표 → 학습자 진단 → 프로그램 투입 → 평가의 단계를 통해 진행되도록 구성되어 있으며 순환적으로 피드백이 될 수 있도록 구성되어 있다. 본 프로그램은 20주로 총 40시간이 한 학년으로 구성되어 있으며 20주간의 교육을 거치면 다음 학년으로 진급할 수 있다.

모집정원은 유치원 2개반 각 8명, 초등학교 1학년~6학년까지 6개반 각 8명, 중학생 1학년~2학년까지 2개반 각 8명이며 판별검사^{지능검사 등}에 근거하여 초기 반 편성을 한 뒤 한 학기[20주] 이상 교육을 받으면 학년 진급이 가능하다. 선발을 위해서는 지능검사^{웩슬러(KEDI-WISK)지능지수} 점수 125이상, 창의성 검사^{토렌스(TTCT) 창의성 검사 혹은 Wallach & Kogan 창의성 검사} 상위 5% 이내, 국어, 수학, 과학 성적 중 특정과목에서 상위 5% 이내에 들어야 한다.

목포대학교 과학영재교육원

목포대학교 과학영재교육원은 시대적·사회적 변화와 중요성을 인식하고 2001년부터 열린 실험실 운영과 전국과학경시대회 개최, 그리고 과학캠프 등을 통하여 과학인력 양성과 과학문화 확산에 노력을 기울여 왔다.

목포대학교 과학영재교육원은 영재들의 다양하고 독특한 개성들을 교육적 상호작용을 통해서 발달시키고, 자주적인 영재, 개성 있고 창의적인 영재, 도전 정신으로 새로운 가치를 창조하는 영재로의 성장을 촉진하는 교육을 제공하고자 한다. 교육은 학생들에게 탐구 사고력과 창의적 사고력을 신장하기 위하여 실험 중심의 탐구수업으로 진행하고, 여기에 강의와 토론, 문제해결 수업 등을 병행하여 이루어진다.

학생선발의 객관적 신뢰성과 공정을 확보하기 위하여 다단계 판별과 다양한 판별 정보원 등을 활용하는 학생선발을 실시한다. 모집 분야별로 초등교육과정, 중등교육과정 각 24명 이내, 48명 이내를 정원으로 하고 있으며, 전라남도 소재 초등학교 4, 5학년^{지원년도 기준} 재학생으로 학교장^{또는 교사, 학부모}의 추천을 받은 자, 전라남도 소재 초등학교 6학년^{지원년도 기준} 재학생으로 학교장^{또는 교사, 학부모}의 추천을 받은 지원자격을 갖춘 학생을 대상으로 선발한다.

1단계 서류심사를 통해 지원자격을 심사한 뒤 예비선발 된 자에 한하여 2단계 지필고사에 응시한다. 수학 및 과학 전반에 걸친 기초 개념 및 지식수준의 내용과 논리적 사고력, 상상력, 문제해결력 등을 측정할 수 있는 내용을 중심으로 평가하고 심층면접을 통해 영재성을 통합적이고도 다차원적으로 판별한다. 심층면접결과와 예비선발결과를 종합하여 선정추천심사위원회에서 최종 선발을 결정한다.

★ 주소 전남 무안군 청계면 도림리 61번지 목포대학교 과학영재교육원
★ 홈페이지 http://gifted.mokpo.ac.kr/